CMプランナー
福里真一が
書きました

困っている人のためのアイデアとプレゼンの本

福里真一

日本実業出版社

困っている人のためのアイデアとプレゼンの本

はじめに

〜ある春めいた日、編集者K氏から一通のメールが届く〜

どうもこんにちは。ほとんどのみなさま、はじめまして。

私は、テレビCMの企画を担当する、CMプランナーという仕事をしています。福里（ふくさと）と申します。ふくり、じゃないです、念のため。


テレビCMの企画というのはどういうことかといいますと、そのCMで、商品のどういう点をどういう人に向けて伝えていくか、というところから考えはじめて、最終的には、具体的なCMのストーリーやセリフ、ナレーション、出演するタレントさん、音楽まで、考えていく仕事です。テレビCMの脚本家、と考えていただくとわかりやすいかもしれません。

ただ、実は企画するだけでは、この仕事は終わらないんですね。自分が企画した

CM案を、広告主さんにプレゼンテーション（提案、のことです。なぜか外来語を使うことが多いのが、広告業界の特徴です…）し、案が決まったら（ちなみに、そう簡単には決まらないんですが…）、実際にそのCMをつくっていく作業にも参加します。

ですから、映画やテレビドラマの脚本家とは、またちょっと違う職種かもしれないですね。少しプロデューサー的な要素もふくまれているといいますか。

私は、このCMプランナーという仕事を、約二十年やっていまして、吉本興業のタレント総出演によるジョージアという缶コーヒーの「明日があるさ」シリーズ、ハリウッド俳優トミー・リー・ジョーンズ主演によるBOSSという缶コーヒーの「宇宙人ジョーンズ」シリーズ、天才子役加藤清史郎くん出演のトヨタ自動車「こども店長」シリーズ、などなどがいままでの代表作という感じでしょうか。

さて、この本は、ある春めいたおだやかな日に（うそです。本当は天気まで覚えてないです…）、編集者K氏から届いた一通のメールからスタートしました。

そのメールの内容を私が要約してもいいのですが、そのまま貼り付けてしまったほうが話が早そうなので、貼り付けてしまいますね。

ワンスカイ　福里真一さま

はじめまして。N社編集部のKと申します。

突然ご連絡をさせていただく、失礼をお許しください。
私は、N社にて、ビジネス書、実務書の単行本の編集をしております。

「その人にだからこそ、伝えられることがある本」
「難しいことをわかりやすく、伝えられる本」
「ものごとの本質をとらえた、世の中の役に立つ本」

をモットーに、日々、制作に励んでおります。

このたびは、福里さまに単行本の書籍の企画について、ご相談させていただきたく、ご連絡しました。

『宣伝会議』の「電信柱の陰から見てるタイプの企画術」、楽しみにしており、とても面白く読ませていただいております。

連載を拝読して、ぜひ書籍にと思ったのが、「電信柱の陰から見てるタイプのプレゼン術（仮）」というものです。

実は、私自身が福里さまとはレベルがかけ離れていますが、「電信柱の陰から見てるタイプ」で、ぜひともお考えを聞きたい読者のひとりです。

私は、人に認められたい欲求はありながらも、人前に立ったり、目立つのは苦手で、できるだけ避けたい、という人間です。
福里さまが文章の中で「人とうまくコミュニケーションがとれない」と書かれていましたが、すごく共感しました。
エレベーターで一緒になった社内の人と自然に話せた試しはなく、編集者という仕事柄、パーティーにたまに行きますが、誰とも話さず（せず）、食べて飲んで帰ったことも数度あります。

「プレゼン」に関して、スティーブ・ジョブズをはじめ、多くの本がありますが、
自分自身がオーバーな演技ができないため、空回りしたことは多々あります。

そうやって気づいたのは、
世に出ている「プレゼンの本」の多くは、

「もともと、注目を浴びることが苦にならない人向けの本」
だということです。

そして、社会人を十年近くやってきて、ようやくわかったのは、
「電信柱の陰から見てるタイプ」には、
自分なりのやり方をやるしかない、ということです。

そのようなことを考えていたときに、
「電信柱の陰から見てるタイプの企画術」を拝読し、
さらに、福里さまの御仕事はプレゼンを避けて通ることができず、
このタイプならではのコツをぜひとも知りたい、と思ったしだいです。

決して、ものすごい方法などではなく、
等身大の「自分にできる範囲の方法」です。

そして、そのような「プレゼン術」を書籍にさせていただくことで、
私をふくめた日本中の「電信柱の陰から見てるタイプ」の
お守り的な本になると考えております。
ご多用のところ恐縮ですが、一度、書籍の企画についてご相談させていただくことはできませんでしょうか。

長文のメールになり、申し訳ございませんが、
何卒、ご検討いただけると幸いです。

追伸

福里さまが携わられたＣＭを知ると、自分が好きなＣＭばかりでした。
押し売りっぽくなく、スーッと入ってきて、

「ショートストーリーを観ている気分で、なんか、このCMの雰囲気、いいなあ」と思って、そのあと、企業名を知る、という流れです。インパクトはあるけれど、心に残らないCMもありますが、「日本のどこかで」シリーズ、「ReBORN」シリーズ、「BOSS贅沢微糖《ぜいたくびとう》」をはじめ、自然に心に入ってくるものばかりです。

N社　編集部　K

長々と貼り付けてしまい、すみません…。
早速、このメールの解説をはじめますと、私は、自分の性格を、「電信柱の陰から見てるタイプ」という風に常々表現しているんですね。

漫画などでてくる、主人公たちの活躍を、電信柱の陰からじっと見ているキャラクター、それが私なんじゃないか、と。

小さい頃から、人々の輪の中にうまく入れず、気づくと少し離れたところから、みんなの様子を眺めているような子どもでした。

暗いか明るいかでいえば、完全に暗いほうですし、いま世の中で、一番必要とされている「コミュニケーション能力」がまったく欠けているタイプ、人との会話が、なかなか三分以上続かないタイプです。さらにだめ押しのように、外見も地味ですし、めちゃくちゃ気弱でもあります。

そんな、普通だったらビジネスの場では、ダメ人間のレッテルを貼られて誰にも相手にされないかもしれないような性格を、しかし、企画という仕事には、うまく生かせる部分があるのではないか。

と、そういうことを、「電信柱の陰から見てるタイプの企画術」というタイトルで、『宣伝会議』という、主に広告関係者が読むことが多い雑誌に、連載していたのです（ちなみに、その文章は現在、宣伝会議からそのまま『電信柱の陰から見てるタイプの企画術』というタイトルで、書籍化されています。もしかすると、この本より、そっちを先に読んだほうがいいかもしれないですよ。よかったら読んでみてください）。

で、その連載を読んだK氏が、何かとても共感するところがあったらしく、書いてきてくれたのが、いま貼り付けたメールというわけです。

ちなみに、追伸のところで、K氏がほめてくれている、「日本のどこかで」というのは、瑛太さんや吉岡秀隆さんが出演し、日本のどこかで生き方を変えると同時に〝第3のエコカー〟とも呼べるような、ダイハツの軽自動車を選んでいくストーリーを描いた、ダイハツの企業CM。

「ReBORN」シリーズというのは、ビートたけしさんと木村拓哉さんが、それぞれ、豊臣秀吉と織田信長の生まれ変わりとして、現代の東北をドライブする、トヨタ自動車の企業CM。

「ＢＯＳＳ贅沢微糖」というのは、「贅沢していい人」をキャッチフレーズに、俳優の大森南朋《なお》さんが、「こういう人にこそ贅沢をしてもらいたいな」と思わせるような〝いい人〟を演じる缶コーヒーのシリーズＣＭで、どれも私が企画しているＣＭです。

こういう風に、最後に追伸の形で、さりげなく人の仕事をほめるのって、うまいですよね。キュンときます。編集者界ではよく使われるワザなのかもしれませんが。

で、私のほうも、「電信柱の陰から見てるタイプ」ということでも想像できる通り、普段まったく人気がなく、事務的な連絡以外のメールなんてもらったことがないですし、ましてや私への共感を伝えるメールなんて本当にもらったことがないですから、かなりうれしく思い、でもそんなにうれしく思っていることが伝わるとかえってひかれるかもしれないので、わりと淡々とした文章で、「とりあえず、一度お会いしましょう」という返信を送りました。

そして、数日後、春一番の吹きすさぶ日に（うそです。天気は全然覚えていませんし……）私の所属する会社、ワンスカイに、K氏が現われたわけですが、確かにメールに自分で書いていた通りの、小動物のようにおびえた目をもつ、暗い、ないしはおとなしい感じの人物で、基本的には、人の目を見て話せない。

こちらも、人の目を見てなんて話せるわけがないですから、それぞれ、じっとテーブルの木目を見ながら、まったりとした会話が続きました。

K氏「あの、お忙しいところを、もにょもにょ……」

福里「いえ、こちらこそ、わざわざ来ていただいて、もにょもにょ……」

K氏「あのメールにも書きました通り、福里さんに書籍を書いていただいて、もにょもにょ……」

福里「あの、すごく光栄ではあるんですけど、本にするほどの内容が自分にあるか不安で、もにょもにょ……」

という感じで、盛りあがりのない会話が淡々と続いていく。その時点で私には、こんなに普段から、何やら悲しそうな、困ったような表情を浮かべているK氏の依頼を、断る勇気はありませんでした。

もし断っても、「やっぱりそうですよね」という感じで、それを簡単に受け入れてしまいそうなK氏があまりにも悲しくて、絶対に断れない…。

…というわけで、何やら説明が長すぎたような気もしますが、こうやって、本を書きはじめることになったわけです。

テーマは、K氏からメールでも依頼された通り、私のようにコミュニケーションが苦手で困っている人間が、どうやってプレゼン（プレゼンテーションのことです。言葉を略すことが多いのも、広告業界の特徴です…）をすればうまくいくのか。

あまり自信はありませんが、確かにいままで自分が考えたCMの企画を、何度となく広告主さんにプレゼンしてきた経験があるのは事実ですし、K氏への手紙のつもりで、とにかく、書いていきます。それでは、どうぞ、よろしくお願いします。

目次

第一章　困っている人のためのプレゼン術

第二章　困っている人のための企画術

第三章　人は、自分にできることしか、できない

装　丁　寄藤文平＋吉田考宏（文平銀座）
ＤＴＰ　藤原政則（アイ・ハブ）
制作協力　柳井佐東子（ワンスカイ）
編集協力　流石香織

第1章　困っている人のためのプレゼン術

「プレゼンがうまそう」という感じをださない

まず、プレゼンがうまくない自分を受け入れる

そもそも、「うまいプレゼン」とはどういうプレゼンでしょうか。

表情豊かで、身振り手振りもまじえ、言葉には適度に抑揚《よくよう》もつけながら、たっぷり間合いを取り、相手をぐいぐいひきつけていく、そんなプレゼンでしょうか。

もちろん、あまり手元の書類には目を落とさず、きちんと相手の目を見て話す、とか、適度にユーモアをまじえる、といったことも、プレゼンの教科書には、書いてありそうです。

やはり、誰もがイメージするのは、スティーブ・ジョブズさんのようなプレゼン、でしょうか。

あるいは、オリンピックの日本招致のプレゼンも、話題になりましたね。あそこでも、あの水野さんという方とか、滝川クリステルさんとかが、まさにいま書いたような理想

的なプレゼンを展開し、高く評価されました。

でも、ああいうプレゼンって、みなさんは、本当はどう思いました？　少し気恥ずかしくは…、感じませんでしたか？

外国人のみなさんが相手なので、もちろんあれはあれでいいのでしょうが、普通の日本人の感覚からすると、ちょっとやりすぎ、という感じがしますが…。あーいやいや、あれを否定するわけではないんです。あれはあれで、いいんです。すばらしいんです。


問題は、自分にできるかできないか、です。

少なくとも、コミュニケーションが苦手な、「電信柱の陰から見てるタイプ」である自分が、スティーブ・ジョブズさんのようにプレゼンしている様子を、あるいは水野さんという方や、滝川クリステルさんのようにプレゼンしている様子を、私はイメージできません。

そもそも、ああいう風にできない、ですし、万が一完璧にできたとしても、想像の中の私のその姿は、あまりにも恥ずかしい、というか、痛い、です…。

まず、プレゼンがうまくない人、そして、今後もうまくなりそうもない人は、そういう自分を受け入れてしまったらどうでしょう。自分には無理なんだ、と、あっさりあきらめてしまう。

「プレゼンは得意ではないです」という空気をだす

そこで、私がプレゼンの場で、第一に心がけているのは、「プレゼンがうまそう」という感じをださないこと、なんですね。

「プレゼンがうまそう」という感じをだしてしまうと、相手も「どんな魅力的なプレゼンがはじまるんだろう」とか、「今日は楽しませてもらえそうだ」などと期待してしまいます。無用にハードルをあげてしまう。

で、颯爽《さっそう》と自信満々でプレゼンをはじめたはいいけど、たいしてうまくなかったりすると、「さっきの自信はなんだったんだよ」とか、「こんなプレゼンがへたな奴の企画がおもしろいわけないよな」とか、「なんだか眠たくなってきたぞ、昨日朝まで飲んじゃったからなあ、ちょっと居眠りしちゃおうかな」とか、そんな感じになってしまう…。

それよりは、私は「プレゼンは得意ではないです」という空気を最初からびんびんにだす。まあ、私の場合、見るからに地味な外見で、そんなに意識しなくても、そういう空気はだせるのですが、それをまったく隠そうとしない。

あわよくば、もう最初に口にだしていってしまう。

「私、わりと暗い性格で、あまり人前でうまくしゃべるのとか得意ではないですけど、今日はがんばってしゃべりますので、どうぞよろしくお願いします」

などと、いってしまうのです。

そうすると、ハードルが一気に下がりますから、へたでも許してもらえますし、ちょっとうまくしゃべっただけでも、「思ったよりはうまいじゃないですか」となる。

もしかすると、プレゼンを受ける側の中に、ちょっとこちらを応援するような気持ちも芽生えるかもしれません。二日酔いで眠たい人も、「大丈夫なのかこの人、ちゃんとしゃべれるのか」と心配になって、最後まで居眠りせずに聞いてくれるかもしれない。

もちろん、プレゼンを受ける側が、そういう心優しい人たちの集団だった場合は、ということではありますが…。

プレゼンをするこちら側も、先に、「プレゼンはへたです」といってしまったわけですから、すごく気楽にしゃべれます。もう無理はせず、自分の話しやすい話し方で、普通に話せばいいのです。

私の場合、普段から人の目を見てなんてしゃべったことはないですから、プレゼンの場でそんなことをしようとしたら、極度に緊張してしまいます。ただひたすら、手元の企画書や「絵コンテ（CMの企画を絵にしたものです。後ほどくわしく説明します）」に目を落として、淡々と説明する。

でも、「『きっとこの人はこういう人だからしょうがないんだな』と許してもらえているに違いない」と思うと、あせったり緊張したりしないですむのです。

脳内のプロセスを、そのまま話す

企画は必ず脳内プロセスをへて生まれている

プレゼンがへたなら、へたなままでいい。とはいえ、プレゼンの内容自体は、わかりやすいほうがいいですよね。

そのために私が意識しているのは、脳内のプロセスをそのまま話す、ということです。ある企画を思いつくときに、自分の脳の中で、必ず、なんらかのプロセスをへて、思いついていますよね。

あ、でも、世の中には感覚的な方も多くて、考えるというよりは、感覚的にパッと思いつく方も多いみたいですから、一概にはいえないのですが、少なくとも私の場合は、わりと理屈で考えていくタイプなので、脳内に考えていったプロセスが存在する。その筋道を、そのままプレゼンで話してしまうわけです。

「こういう商品なので、まず、こういう方向で考えはじめました」

「でも、考えているうちに、こういうことが気になりはじめました」

「そこで、こう考えたらどうかな、と思いつきました」

「その考え方で、具体的な企画を考えはじめた結果、こういうCM案を思いつきました」


という風に、プロセスをすべて順番通りに話してしまう。

そうすると、プレゼンを受ける側にとっても、まるで、企画者の脳内を追体験しているかのようになるので、どうしてそのCM案が生まれてきたのか、すごく理解しやすくなるのです。


たとえば、トヨタの「こども店長」のCMについて、「よくあんな企画思いつきましたね」などといわれることもありますが、私にとっては、普通に考えていった結果、当然のようにでてきた企画、なんですね。

その脳内プロセスを簡単に説明しますと…。

一　「トヨタのお店に、お客様がたくさん来てくれるようなＣＭを」というオリエンテーションを受ける。

二　そのためには、トヨタのお店がもっと親しみをもってもらえる場所になる必要があるのではないか、と考える。

三　親しみをもってもらいやすいキャラクターといえば、昔から、動物か、こども、といわれている。

四　動物を登場させることも考えたが、ちょうどソフトバンクの「犬のお父さん」シリーズがはじまったばかりで、いま、動物モノは避けたほうがよさそうだ。

※この提案は〇九年。犬のお父さんシリーズがはじまったのが、〇八年です。

五　では、こどもを使ってみよう。

六　お店を舞台にしているので、店長にしてしまえば話が早そうだ。「こども店長」ということにしてみよう。

七　こどもを主人公にすることで、親しみ、ということだけでなく、トヨタが未来を見すえてクルマを考えていることも、伝えやすそうだ。キャッチフレーズはたとえば、「これから目線で、見に行こう」。

八　「こども」といえば、いま、NHKの大河ドラマ「天地人」に出演している子役、加藤清史郎くんの名演技が話題になっているようだ。彼を起用しよう。

という感じで、発想の飛躍とか、天才的なひらめき、とかもなく、淡々と考えていった結果、思いついているわけです。その脳内プロセスをそのまま、プレゼンの場で話してしまう。

そうすると、プレゼンの相手も、もちろんその企画を気に入ってくれるかどうかは時と場合によるでしょうが、「なるほど、どうしてそういう企画になったかは、よくわかりました」ということにはなると思うのです。

トヨタ自動車

こども店長 「登場」篇

男性社員：あの、ぼく？　こども店長？

こども店長：こども店長と申します。

こどもならではの

「これから目線」でがんばります！

ママ：本当に、こんなとこで店長やってるのね。

こども店長：ママ！

ママ：おやつ冷めちゃうわよ！

姉：お姉ちゃんが全部食べちゃうぞ！

こども店長：あっ、アップルパイ！

すみません。今日は早退します。

N（こども店長）：この春、

トヨタのお店で何かが変わりはじめる、

かもしれない。

先輩CMプランナー佐藤雅彦さんのプレゼン

頭の中で考えた順番で話すと、納得しやすい

私が、「プレゼンでは、脳内のプロセスをそのまま話してしまうのがわかりやすい」と思ったのは、佐藤雅彦さんのプレゼンを聞いたことがきっかけだと思います。

佐藤雅彦さんというのは、八十年代末から、九十年代中頃にかけて、大ヒットCMを連発した、私にとってCMプランナーの大先輩です。

NECの「バザールでござーる」やサントリー「モルツ」、フジテレビ「ルール」やコイケヤのさまざまな商品など、佐藤さんのつくったCMはどれも斬新で、なおかつ、親しみがわき、しかも、商品の売上にも大きく貢献していました。

その後は、大学の教授になられて、NHKの「ピタゴラスイッチ」という番組にかかわられたり、表現に関する何か深いことを研究したり（そんなにくわしくないので曖昧ですいません…）されていますね。

私は新入社員のときに、NECの「文豪」というワープロ（若い方、知っていますか、ワープロ。ネットにはつながっていない、文字だけが打てる、パソコンのようなものです…）のラジオCMを書き、それを佐藤さんが気に入ってくれて、それをきっかけに三年ぐらい、佐藤さんの下で修行（といっても、結果的にはただ佐藤さんの仕事ぶりを近くで見学していただけですが…）のようなことをしていたことがあります。

そのときに見た、佐藤さんのプレゼンというのが、まさに佐藤さんの脳内プロセスをたどっていくようなプレゼンで、それを、広告主のみなさんも、「なるほどー」という感じですごく納得しながら聞いていて、プレゼンってこういうものなのか、とすりこまれたという経験があるのです。

いいアイデアは仮眠のあとに生まれる？

ただ、実際に佐藤さんが、そういう風に、理屈で順番に考えていって、あるCM案に到達していたかというと、実はそうでもないような気もするんですね。

佐藤さんの企画の打ち合わせというのは、日中はずっとプレゼンやら撮影やら仕上げやら（CMづくりというのは、撮影したあと、編集したり、それに音を入れたりといった、仕上げ作業が発生します）で忙しいので、大体、夜中の十二時ぐらいからはじまります。

で、しばらく打ち合わせをしているうちに、佐藤さんは何日もまともに寝ていないので、眠くなる。「すみません、一時間だけ寝させてください」などとおっしゃって、となりの会議室に仮眠をとりに行く。

その間もずっと、残された我々は企画をしていまして、一時間後に誰かが起こしに行くわけですが、たいてい戻って来て、「佐藤さんが、『あと三十分だけ寝たい』といっています」などということになる。

で、また三十分たって起こしに行くと、ようやく佐藤さんが起きてきまして、「何かいい企画はできましたか？」などとお聞きになるので、残って考えていた我々が、「こういうことを思いつきました」などとひとりひとり報告します。

すると、佐藤さんがそのアイデアひとつひとつに、「ここのセリフはちょっといいですね」とか、「ここはちょっと惜しいですね」などと、丁寧に感想をおっしゃっていく。

大体それがひと通り終わったぐらいのタイミングで、「では、こういうのはどうでしょう」といって、ご自分のアイデアをしゃべりだす。それが、もうとてもすばらしくて、一同、目からウロコが落ちまくるわけです…。

我々下々の者には、佐藤さんが何をどう考えて、そのアイデアを思いついたのか、かなり近くで見ていましたが、正直、まったくわかりませんでした。我々が考えた企画をひと通り聞く、という毎回繰り返された儀式が、何らかの役に立っていたのかも、まったくわからない。たぶん、役に立ってなかったと思います。

それよりは、おそらく、一度寝る、というのがけっこう重要で、寝て起きた瞬間に、それまで頭の中で、もやもやっとしていたものが、パッとまとまってアイデアになっていたのではないか、と。

あくまでも、推測でしかありませんが。少なくとも、脳内で、理屈で考えていってたどり着いた、という感じにはまったく見えませんでした。

それが、プレゼンの場になると、ちゃんと、誰もがわかるような脳内プロセスで説明されていたんですね。

ひとつは、やはり、プレゼンというのは、感性や立場も違う、多くの人を納得させる必要がありますから、そうやって理屈で説明する必要があったのではないか。「寝て起きたら、パッと思いついたんです。いいでしょ、このアイデア」という言い方では、なかなか納得してもらえない。

そういう意味で、思いついてから、そのあとであらためてきちんとした理屈をつける、という部分も、佐藤さんにはあったのではないかと思います。脳内プロセスという、いわば虚構の物語をあとからつくりあげて、企画にくっつけていくというわけです。

いいアイデアには、理屈もついてくる

と同時に、いいアイデアというのは、思いついた瞬間に、理屈もついてくる、という面もあるんだと思うんですよね。

脳内プロセスというと、ある程度、時間をかけてたどっていくもの、という感じがしますが、脳に流れている時間というのは、必ずしも、人が体感している時間とは同じではないのかもしれない。

まさに、瞬時にして、脳内プロセスと、その結果もたらされるアイデアとが、同時にでてくるということもあるのではないでしょうか。

私は、天才肌ではないので、あまりそういう経験はないのですが、でも、二十年企画の仕事をやってきて、そういう感じがわからないでもない、といいますか…。なんか、そういうことは起こりうるような気がする。

そして、一瞬にして、脳内プロセスと企画が同時にでてきたような企画というのは、やはりいい企画である可能性が高いのではないか、と…。

ちなみに、私が佐藤さんにほめられたのは、「文豪」というワープロのラジオCMをほめられた、その最初のとき一度きりでした。

そのあと、一緒に仕事をしていた三年間、そんな奇跡は一度も起きず…。移動中のタクシーで、横に座る佐藤さんにぽつりと「福里さんって、やる気、あるんだよね?」といわれたことを思い出します。一応、やる気はあったんですが、まったく役に立たず、…本当にすいませんでした。

そもそも、プレゼンしやすい企画を考える

話題にしやすい企画は、人に説明しやすい

プレゼンがへたなわけですから、そもそもプレゼンしやすい企画を考える、というのも重要なのではないでしょうか。これって、パッと聞くと邪道っぽく聞こえるかもしれませんが、そんなことはないと思うんですよね。

CMというのは、話題になり、ヒットすることを目指してつくられることが多いわけです。

話題にしやすい、ということは、人に説明しやすい、ということですから、そもそもプレゼンもしやすいはずなのです。

つまり、プレゼンしやすいような企画でないと、話題にもなりにくい。まあ、逆にいってみただけですけど。

広告企画の世界では、昔から言い伝えられる金言があります。

それは、「ひと言でいえる企画はよい企画」。

プレゼンの場で広告主さんが納得し、その後、広告の制作現場ではスタッフが共有でき、さらにその広告が世の中にでていったときには、人々が話題にしやすい。

そのためには、「ひと言でいえる」ぐらい企画の根本がシンプルである必要がある、ということを表現した金言なわけですが、ひと言でいえるような企画であれば、つまり、ひと言でいえてしまうわけですから、プレゼンのうまいへたなんて関係ないともいえる。うまいかへたかもわからないうちに、プレゼンが終わっているというか…。

たとえば、私のつくったCMだと、

「宇宙人が職業を転々としながら地球調査をしているCMです」とか（サントリーBOSSのCMです）。

「こどもがトヨタのお店の店長をやります」とか（トヨタのこども店長のCMです）。

「パン田一郎という草食系の青年がさまざまなバイトを経験します」とか（リクルートのフロムエーのCMです）。

「アフラックダックのライバルとしてブラックスワンが登場します」とか（アフラックの医療保険のＣＭです）。

まあ、それぞれ、ひと言でいえる企画にはなっているつもりではいます。

私のつくったＣＭ以外でも、

「お父さんが犬である家族を描きます」とか（ソフトバンクのＣＭです）。

「檀《だん》れいさんがいつも夫の帰りを待っているかわいい妻を演じます」とか（サントリー金麦のＣＭです）。

「伊右衛門というお茶づくりに取り組む男とその妻の物語を描きます」とか（サントリー伊右衛門のＣＭです）。


ヒットして、話題になるＣＭは、ひと言でいえる企画になっていることが多いのは確かなのです。

プレゼンが得意でないなら、プレゼンしやすい企画をつくろう

逆に、「ひと言でいえない企画」というのはどういう企画でしょう。

たとえば、「いま人気のある三人の女優がでてきて、商品の三つのセールスポイントを順番に語ります」みたいなことだとどうか。

これって、言葉数としては、一見ひと言でいえているように見えるかもしれませんが、結局どういうCMになるんだか、これだけだとわからないですよね。

それを、たとえば、「いまの人気女優三人で、平成版キャンディーズを復活させます。そして、キャンディーズをイメージさせる七十年代歌謡曲風のメロディにのせて、三つのセールスポイントを歌います」みたいなことになると、なんとか、企画がわかるようになる。

つまり、「平成版キャンディーズのCMです」という風に、ひと言でいえるようにはなったわけです（すみません、例がキャンディーズで。若者にはまったくわからない例なような気もしますが、何となくはわかりますよね、若者のあなた。「普通の女の子に戻ります」という言葉を聞いたことはないですか？）。

ですから、最初の話に戻りますが、プレゼンがうまくなることに努力するよりも、プレゼンがへたでもプレゼンしやすいような企画を考えることに努力するというのは、邪道などころか、むしろ、王道かもしれません。

プレゼンもラクになり、実際につくる広告もいいものになるという、一石二鳥の秘法かもしれない。

ただ、もちろん、プレゼンがしやすい、ひと言でいえるような企画なら、すべてがいい企画というわけではないですよね。ひと言ではいえるけど、全然だめなCMというものも、世の中にはたくさんあるでしょうから。

いまずらずらっとあげた私のつくったCMたちも、必ずしもいいCMばかりじゃないな、と思った方も多いでしょう。泣。

でも、「プレゼンしやすい企画というのは、いい企画である可能性も高い」というくらいには、思ってしまってもいいのではないでしょうか。

プレゼン物はできあがりをイメージしやすく

四コマ漫画みたいなものに何十億のお金が動く世界

さて、テレビCMの企画をプレゼンする場合は、ただ、口でしゃべるだけということは少なくて（口頭だけでプレゼンして、その場でOKがでる、というような、深い信頼関係に結ばれたプランナーと広告主さんとの関係というのも、まれにはあるみたいですが、まあ、めったにないです。少なくとも、「電信柱の陰から見てるタイプ」である私のような、人間力のないタイプだと、なかなかそういう人間同士の信頼関係というようなものは成立しません…）、たいていの場合、プレゼン物（ぶつ）、というものを用意します。

最近は、パソコンから映写しながらプレゼンというのが増えてきた（というか、もはや主流？）かもしれませんが、私の場合は、昔ながらの、紙に文字を打った企画書と、絵コンテを、人数分コピーして、みなさんに配って説明していく、という形であることが多いです。

確かに、紙代とか、コピー代とか、無駄なような気もしますし、エコでもないような気もしますし、新しくもないような気もするのですが、なんか、紙に書いてあったほうが、見やすい気がして。世代、かもしれませんが…。

で、企画書はともかく、その「絵コンテ」というものがどういうものだか、広告関係者以外の方に説明しますと、これは、CMのストーリーを絵にして、左側にキャプションと呼ばれるト書きを、右側にセリフなど音声要素を書いたものです。まあ、見た目は、四コマ漫画みたいなものを想像していただければ、いいと思います。

CMの世界って、そこが不思議なところで、オンエアするためのお金もふくめれば、何億、とか、何十億とかというお金がかかるキャンペーンのCM案を、紙に描かれた四コマ漫画みたいなもので、判断するわけなんですね。

ちなみに、この絵を誰が描くかというと、もちろん、絵がすごくうまいプランナーは自分で描きますし、スタッフに絵がうまい人がいる場合も、その人が描いたりしますが、そうでない場合は、「コンテライター」と呼ばれる、それを専門にしている職業の方が描く。コンテの絵を描くことを職業にしている方々というのが、世の中にはちゃんといるんです。本当に、世の中には、いろいろな職業がありますよね。ありがたいことです。

私の場合、絵を描くぐらい苦手なことはなくて、無理に自分で絵を描くと、描くこと自体が泣きそうなぐらいつらいですし、できあがった絵を見て自殺しそうにもなりますから（親は美術系の学校をでているんですけどね。遺伝って何なんでしょう…）、たいてい、そのコンテライターと呼ばれる方々にお願いして、絵にしていただく、ということになります。

話は少しそれますけど、コンテライターって、売れっ子になるともうかるらしいんですよね。十年やれば、家が建つ、といわれています。

そして、ちょうど十年ぐらいやると、あまりにも手を酷使しすぎて腱鞘炎《けんしょうえん》になり、もう絵が描けなくなる、とも。まあ、あくまでもウワサですけど。なんか、星飛雄馬《ほしひゅうま》みたいな世界です…。これを読んでいる絵がうまい方、目指してみてもいいかもしれませんよ。

で、話を戻しますと、プレゼンで使われる絵コンテというのは、当然、ただの絵ですから、それがそのままCMになるわけではない。アニメCMなら話は別ですが、たいていのCMは実写でつくられますので。

そうだとすると、その、ただの絵でしかない、絵コンテの出来不出来で、プレゼンが左右されるようなプレゼンは、そもそもしないほうがいいのではないか、と思うのです。

たとえば、絵コンテに描かれたタレントさんの表情がおもしろくて、思わずプレゼンの場で笑いが起こり、そのせいでその企画が採用された、とかって、よくあるような気もするのですが、冷静に考えると、全然意味ないですよね。

実際にそのタレントさんがその表情をしたわけでもなく、その表情ができるかどうかもわからないわけで、ただ、その絵コンテの絵がおもしろかったというだけですから。

企画が、実際にできあがるCMとは関係ないところで評価されてしまっている。

写真でできあがりをイメージしやすくする

とはいえ、コンテがおもしろくなさそうだと、どうしてもCMもおもしろくなさそうに感じてしまうのが人間の性《さが》ですので、そこは割り切って、とにかくコンテはコンテでめちゃくちゃおもしろそうな絵をコンテライターに描いてもらおう、という考え方もあるとは思います。

おもしろい絵でプレゼンは通しておいて、それとは別に、きちんとおもしろいCMをつくればいいではないか、なんか文句あるのか、という考え方です。むしろ、そちらのほうが、主流の考え方かもしれません。

ただ、私はなんかそれは違うな、と思ってしまうのです。コンテライターの方に、このタレントさんの表情はもっと大げさに、鼻の穴を大きく広げて、とか、ここの表情はなんともいえないやるせない表情に、ちょっとやるせなさが足りません、とか、細かくお願いしてなるべく魅力的なコンテにしていく努力というのは、実際のCMとは関係ないだけに、どこか空《むな》しいというか…。

そこで、私の場合は、あまり絵コンテの絵にひっぱられないような、どちらかというと、無個性な絵でコンテライターに描いてもらいます。で、その絵の横に、なるべくその企画をイメージしやすくするような資料写真をつける。

写真は当然のことながら、実写ですから、絵よりは実際に撮影されるCMと近い。そこから、実際にできあがるCMをイメージしてもらうようにしているわけです。

この、とにかく写真をたくさん貼り付けろ、というのは、佐々木宏さんという、広告界では知らない人のいない、超有名なクリエイティブディレクター（頭文字の英語から「CD」ともいいます。また、カタカナ職種ですいません。とりあえず、広告をつくる作業におけるリーダーとお考えください）に教わったんですよね。

この人は、コピーライター出身で、もともとは文を書くのが自分の仕事だったはずなんですが、その割には、人は文字をあまり読みたがらない、という信念をもっていまして、プレゼン物からも、なるべく文字を少なくしようとする。そのかわり、とにかく、写真をたくさん貼り付けろ、と。

そもそも自分自身が文字を読むのが苦手らしく、自分は一冊の本を最後まで読み通したことはない、なぜなら、目次を見れば、全部書いてあることがわかるから、と豪語している人物でもあります…。

私も、最初は佐々木さんに命じられてやっているだけだったのですが、よく考えると、絵コンテの絵なんかにひっぱられて広告主さんに判断してもらうよりも、具体的な写真でできあがりのCMをイメージしてもらって判断してもらったほうが、態度としても誠実なのではないか、と。

佐々木さんがもともとそういう意図だったかはわかりませんが、いまでは私も、積極的にこのやり方を取り入れています。

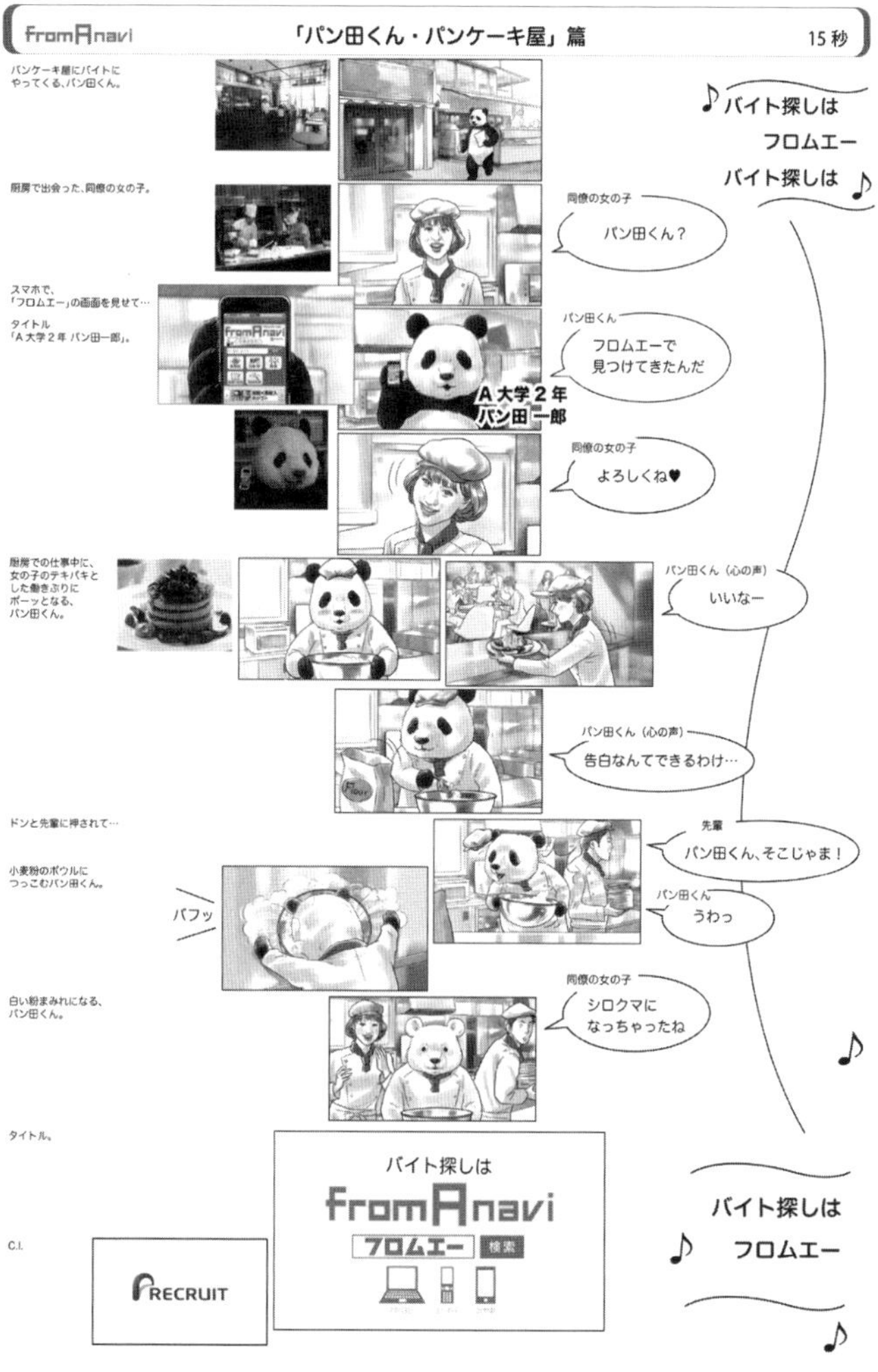

絵コンテ（リクルート フロムエー「パンケーキ屋」篇より）

へたでも本気でプレゼンしないと、失礼

自分のキャラクターに合わない無理はしない

広告界には、本当に、いろいろなプレゼンのやり方をする人がいます。

やはり、まず、熱い人というのが、タイプとしては多いかもしれませんね。

「今回の商品はすばらしい商品ですから、この商品が広がることで、幸せになれる人がたくさんいると思います。今回、広告という形で、そのお手伝いができることを、心から光栄に思います！」

みたいに、商品への熱い思いから、プレゼンをはじめる人。

そういう人は、たいてい、自分が提案する企画についても、「今回、ものすごい企画をご提案します。この企画を実現できたら、日本中が幸せになれると思います！」みたいに、自分が提案する企画についても、熱い思いで語る場合が多いようです。

一方、文学的といいますか、プレゼンそのものが、エッセイとか小説みたいになっている方もいらっしゃいます。

「ある日、ふと町を歩いていたら、色づきはじめた銀杏《いちょう》並木の向こうに、御社の商品を持って歩く、親子連れの姿が見えました」

みたいなことを、たとえば、味のある手書きの文章とかで、長々とつづったりしている。そして、その人の世界に、広告主さんをひきこんでいく。

映像を使ったプレゼンをする人も増えていますね。広告界では、「ビデオコンテ」と呼ばれているのですが、過去の映画やドラマから、提案する企画のイメージに近い映像を集めてきて編集し、そこに、いい音楽をつけたりする。

本物の、しかも時には、世界的な名監督とかが撮った映像を使い、本物の、しかも時には世界的な名曲をあてたりするわけですから、当然、すごいクオリティのCMができそうな感じになる。

ビデオコンテの効用というのはそれだけではなくて、プレゼンというのは、直接私たちのプレゼンを聞いた人たちだけで終わらないことも多いわけです。

プレゼンを聞いた広告主の人たちが、今度は社内で、偉い人とか、別の部署の人たちとかに、プレゼンすることも多い。

そうすると、彼らにとっては、紙に書いてある企画書と絵コンテを自分たちで説明するよりは、もらったビデオコンテをそのまま見せてしまったほうがラクなわけです。そういう広告主さんにとっての便利さもあって、このやり方も、かなり広がってきています。私なんかは、映像を集めてきたり、それに音楽をつけたり、といった作業がどうも、面倒くさい、というか、空しいと思ってしまうんですけどね。実際につくるCMとはまた全然違うものをつくるのに、労力を使っている感じがして…。

その他、和紙の巻き紙に墨で企画書を書き、それを朗々と読みあげる、という武蔵坊弁慶のようなプレゼン方法で有名な方もいらっしゃいますし、紙芝居屋さんに扮して、紙芝居形式でプレゼンするので、有名な方もいらっしゃいます。

その方は、ちゃんと、自転車に乗ってプレゼン会場に入って来て、完全に紙芝居屋さんになりきって、紙芝居をめくる要領で、ＣＭのコンテを一枚一枚めくって、説明していくんです。広告界では、プレゼン名人として、名を馳せた方です。

つまり、プレゼンのやり方には、人それぞれいろいろなやり方がありまして、その人に合ったやり方をすればいい、ということだとは思います。

で、私の場合は、「電信柱の陰から見てるタイプ」でもあり、そんなにエンターテインメント性の高いプレゼンとか、熱い思いがたぎるようなプレゼンとかはできませんから、そんな自分をそのまま受け入れて、ひたすら淡々と行なう。

それでも、プレゼン名人でないことで、いままでにそんなにマイナスはなかったような気がしています。

とにかく、無理をして自分のキャラクターに合わないようなことは、なるべくしないほうがいいのではないでしょうか。

へたでも本気でプレゼンする

ただ、ひとつだけ思うのは、プレゼンはへたでもいいけど、本気でプレゼンしないと、相手に失礼、ということです。

唐突ですけど、そういうことを考えはじめたきっかけは、就職活動のときにさかのぼります。

まあ、私の場合、就職なんてしたくなかったわけですね。暗くてコミュニケーション能力も不足しているわけですから、社会人としても、会社人としても、通用しそうに思えなかった。

だからといって、何か他にやりたいことがあったわけでも、できることがあったわけでもなく、しいていえば、ただぼーっとして生きていきたかった。典型的なダメ学生です。

とはいえ、生活するためには、就職しないといけないわけですから、試しに就職活動をはじめてみたんですが、そのときに、「私が本音では就職なんてしたくないと思っていることは、面接官のみなさんも共有できてますよね?」という気分で、就職活動をしていたんですよね。

企業の面接官の方々も、かつては学生だったわけで、その頃には、心のどこかで、本当はずっと学生のままでいたいと思っていたに違いない。そのことは覚えているでしょうから、まあ、学生の本音なんてそんなもの、ということは理解できてますよね、という気分だった。

同じように、「『御社を志望します』なんていってますけど、学生の時点でどこの会社がいいかなんてわかるわけないわけですから、適当にいってるだけ、ということは共有できてますよね？」とか、「『御社でこういう仕事をやりたい』なんていってますけど、それも適当にいっているだけです。だってそれが本当はどんな仕事だか、学生の時点でわかるわけないですから。それにそもそも働きたくなんてないですし、ということは共有できてますよね？」とか、そういう気分で就職活動を続けていた…。

私が就職活動をした頃というのは、バブルの最後の時期で（私は、あのドラマの半沢直樹と同期です）、すごく就職がしやすい時代だったので、そのせいもあるかもしれません。

いつでも就職できるからこそ就職したくない、という気分は、私だけでなく、わりと多くの学生に広まっていたような気がします。

実際、私の周りには、ただ就職したくない、というだけで留年して、就職を先延ばしにする、という人がけっこういましたから。もしかすると、私の周りの特殊な人たちだけだった可能性もありますが…。

で、そうやって就職活動していましたが、やっぱり受からないですね。

いま書いたような本音をそのまま口にしていっていたわけではないのですが、面接を受ける私の中に、どうしても、志望理由とか、志望動機とか、そんなタテマエの話やませんか、そんなものもともとないんですから、という気分がありますから、それが何となく面接官にも伝わるんでしょうね。

まあ、それ以前に私が、面接なんかには一番向いていないタイプ、ということも大きいとは思うのですが。

で、就職試験に落ちまくったときに気づいたのが、「ああ、就職活動って、本気でやらないと受からないんだ」ということです。気づくのが遅すぎる気はしますが。

その商品には、誰かの人生がかかっている

そもそも、就職試験の面接官というのは、その会社に入り、すでに人生の大きな時間を、その会社での仕事に費やしている人々です。

しかも仕事ですから、けっこう大変な目とか、つらい目にあうことも多いでしょう。そういう人たちに対して、本気で就職したいわけじゃない、とか、本気で御社に入りたいわけじゃない、とか、そういう態度で臨むことは、よく考えると、その人たちの人生を否定することになってしまうんだなあ、と。

就職試験に臨むからには、本気でその会社に入りたい、という気持ちで臨むのが、最低限の礼儀なんだな、ということにようやく気づいたんです。まあ、だからといって、面接ウケしにくい性格が急に直るわけではないので、その後も就職活動には苦労したんですが…。

なんだか就職の話が長くなってしまいましたが、プレゼンというのもそれに似ている

ところがあって、プレゼンを受ける相手というのは、本当に苦労してその商品を開発したり、あるいはその商品が売れるか売れないかで、ボーナスがでるかでないか決まる、とか、今後の社内での出世にもかかわる、とか、そういう人たちなわけです。いわば人生がかかっている。

そういう本気な人たちに対してプレゼンするわけですから、「本気でプレゼンする、というのは、最低限の礼儀だろうな」と思います。

本気でないと、その人たちの人生を否定することになる。ですから、本当にその商品にとって、あるいはその会社にとってプラスになると思える企画を、本気でプレゼンする。

なんだか、超・当たり前の結論かもしれませんけど、どうやってうまくプレゼンするか、とか、どうやってウケをとろうか、とかを考えるよりは、きちんと本気でプレゼンする、というのが、結局は大事なような気がします。

つづいて

～ある夏めいた日、編集者K氏が、汗を流してやって来る～

さて、最初に会って本を書く約束をしてから、しばらく音沙汰がなかった編集者K氏ですが、どうやら、私の本の企画を社内で通すのに、時間がかかっていたみたいです。

まさに、K氏のほうはCMの企画ではなく、本の企画のプレゼンに苦労していたらしい。

そのことを知らせるメールも、ここにそのまま貼り付けてしまいます。

福里真一さま

大変お世話になっております。

予定よりも時間がかかってしまい、申し訳ございませんでしたが、
書籍の企画が無事に通りました！
通るまでに、編集長とも相談しながら、三回ほど修正をしました。
大きく、次のような流れです。

一　○月×日の企画会議に、
「電信柱の陰から見てるタイプのプレゼン術（仮）」
で提案しました。

しかし企画会議にて、
「著者の方は、みんなが知っている実績で◎（二重丸）だけど、
プレゼンだけでは、テーマがせまいのでは」
という意見がでました。

二　○月×日、次に、
『電信柱の陰から見てるタイプ』なりの伝え方（仮）」
と、テーマを「プレゼン」から「伝え方」に広げて、提案しました。

企画会議にて、
「伝え方以上に、著者の方の御仕事やプロフィールから、
みんなが知っているCMから連想するようなテーマもあったほうがいい。
読者の人が知りたいことと、つながるようなテーマにしたほうがいい」
という意見がでました。

三　○月×日、
「電信柱の陰から見てるタイプ」を外し、
「アイデアの届け方（仮）」として、

アイデアの「伝え方」だけでなく、
　アイデアの「つくり方」もふくめた形で、再度提案しました。

企画会議にて、
右記の企画で、なんとか承認を得ることができました。
その結果、当初のお話から、少しテーマが広がってきております。
あらためまして「アイデアのつくり方」「企画のコツ」
といったテーマについての執筆をご検討いただければと思います。

自分が最初、「電信柱の陰から見てるタイプ」
にとても共感したのがきっかけでしたので、
どうしても「コンプレックス」が入り口となる、
読者をあえて絞る方向にこだわっていましたが、
福里さんの実績からみると、

「宇宙人ジョーンズ」や「こども店長」をはじめ、
ユニークなCMをたくさんつくられている方というのが、
世間一般のイメージという意見を聞き、
たしかにとも思いました。

ちなみに、この企画決裁のやりとりを通して、
自分にはまだまだ企画のコンセプトを固めていく力が弱いのではないか、
と痛感しました。

そもそもプレゼンの巧拙《こうせつ》以前に、
実現に向かって動く企画にしていくためには、
何かポイントのようなものがあるのでしょうか。
ついでながら、
自分は「自分ではすごくいい企画」だと思っても、

通らないことは少なからずあります。

なにはともあれ、おかげさまで、企画が通りましたので、
あとは読者の方に届く本（＝売れる本）にしたいと思っております。

ご多用のところ恐縮ですが、
いま一度、お打ち合わせをお願いできませんでしょうか。

何卒よろしくお願いいたします。

追伸
ＢＯＳＳの新しいＣＭ、「この惑星には、愛されるという勝ち方もある」、
とてもいいですね。
中央線の車内映像広告でも、僕以外の見ていた人も、

「ほっこり」していた気がします。

Facebook上でも、誰かが「自分は、いい名言を知っているんだぞ」という感じで、このCMを載せていました（笑）。

N社編集部　K

また、最後に追伸で、私のつくったCMをほめてくれていて、うまいですよね。しばらく連絡がなかったことに、これだと文句をいえなくなります。

私がつくっている、サントリーBOSS「宇宙人ジョーンズ」シリーズで、その頃オンエアされていた、「大相撲」篇のことをほめてくれているんですね。

引退したばかりの、高見盛《たかみざかり》関をテーマに、「この惑星では、誰もが勝利者になれるわけではない。ただ、この惑星には、愛されるという勝ち方もある」という、私が書いたナレーションが流れるCMなのですが、その最後の部分のコピーをいい感じでほめてくれている…。

宇宙人 ジョーンズ
地球調査中
このろくでもない、
すばらしき世界。

サントリー　BOSS
宇宙人ジョーンズ　「大相撲」篇

高見盛：力士を引退することになります。
N（ジョーンズ）：この惑星の住人は、
誰もが勝利者になれるわけではない。
ただ…。
ジョーンズ：高見盛ぃ〜！
N（ジョーンズ）：この惑星には、
愛されるという勝ち方もある。
高見盛：ごっつあんです。
N：缶コーヒーの BOSS。

というわけで、K氏が、社内会議で、どんなプレゼン術を駆使したのか、駆使しなかったのかわかりませんが、なんとか、私の本の企画を社内に通してくれたらしい。と同時に、本のテーマが、当初の「プレゼン術」だけではなくて、アイデアのつくり方、つまり、「企画術」にも広がったらしい、ということがわかりました。

私のほうも、「えー、最初の話とちがうじゃないですか、Kさん!」という思いもあった反面、「プレゼン術」で私が書けることって、いま、この第一章で書いた内容ぐらいしかありませんから、「これじゃ一冊の本にならないなあ」と思っていたところでしたので、ややほっとした感じもありました。

ただ、メールには、そんなほっとしたなんていう、こちらの弱みはいっさい見せず、淡々と「状況、理解しました。では、また一度お会いしましょう」というメールを送ったわけです。


で、ある、春の終わりの夏めいた日に、私の会社にK氏がやって来まして、また、目を合わせないままに、会話がはじまりました。

K氏「おかげさまで、本の企画が通りまして、むにゃむにゃ…」
福里「よくこんなマイナーな著者の本の企画が通りましたね、むにゃむにゃ…」
K氏「いえ、マイナーだなんて、そんな、むにゃむにゃ…」
福里「どうぞ、冷たいお茶でも、むにゃむにゃ…」
K氏「遠慮なくいただきます、ゴクゴク…」

といった、まったりとした会話が続いていく。

で、とにかく、当初の、「プレゼン術」というテーマだけではなくて、「企画術」というテーマにも広げて書いてほしいという依頼があったわけですが、またもやK氏の、あまりにも申し訳なさそうな表情と、したたり落ちる普通の汗だか冷や汗だかわからない汗を前にすると、絶対に断れない。

こちら的にも、それがないと本になる分量を書けそうもないという弱みもありますから、「なんか、テーマがはっきりしない本になってしまうような気もしますけど、とにかくやってみます、むにゃむにゃ…」と少し文句っぽい部分もまじえながら引き受けたわけです。

…というわけで、第二章のテーマは、私のようにさほど生まれつきの才能があるわけでもなくて困っている人間が、どのようにして企画をしているのか。

すでに発売されている『電信柱の陰から見てるタイプの企画術』（宣伝会議）よりは、もう少し直線的に書いていくつもりです。

そんなに「術」というほどのものは、正直いうとないのですが、二十年ぐらい毎日のように、企画する、という仕事をやってきたのは事実ですから、また、K氏に手紙を書くつもりで、とりあえず、書いてみます。

第2章　困っている人のための企画術

自分に期待しないと企画はでてくる

自分の才能を客観的に判断する

あなたは、自分に才能がありそうですか、そうでもなさそうですか。

そういうのって、何となく二十歳ぐらいまでにはわかるような気がするんですけど、どうでしょう。

やはり、そこまで長々と、学校という場所で集団生活を送るので、周りから一目置かれてきたか、まったく置かれてこなかったかということで、自分に特別な才能がありそうかどうか、薄々わかるような気がするのです。

私はもう、まったく一目置かれないタイプでした。というより、何度もいうようですけど集団のはじっこにいるタイプでしたので、一目置かれるどころか、いるのかいないのかわからないぐらいの存在だったと思います…。

それでも、広告の企画を仕事にしているからには、「才能はある」と思いたいじゃないですか。才能がないと、できなさそうな仕事ですし。

ということで、大学をでてこの仕事をはじめて、三十歳ぐらいまでは、才能があるかもしれない、ということに一縷《いちる》の望みをかけてやっていたのですが、まったくうまくいかなくて…。

まず、自分なりに考えに考えて、「これはすごい企画なんじゃないか」と思った企画が、周りの上司にも先輩にも、広告主さんにも評価されませんでしたし、無理矢理それをプレゼンで通して実際につくったとしても、結果はたいして評判にならない。

そんなことを何度か繰り返しているうちに、同世代の人たちが、どんどん自分の仕事をしているというときに、私にはほとんど仕事がない、という状態に陥っていきました。


そこで、三十歳のときに決めたんですね、「自分には才能がない」と。

そこまでで、二十三歳ぐらいからはじめて、もう七年ぐらいやっているわけですから、七年やってて芽がでないというのは、もう才能がない、ということなんだろうな、と判断したわけです。

なんだか、淡々と書いてますけど、もちろん、その判断を下したときには、つらかったですよ。もしかすると、これから一生続けていくかもしれない仕事に対する才能が、自分には「ない」わけですから。

ただ、つらいと同時に、そんなに追いつめられている感じはありませんでした。というのは、私は当時、電通という広告会社の社員としてCMプランナーの仕事をやっていたわけなのですが、会社の社員って、才能があろうがなかろうが、月々給料が入ってくるんですよね。

しかも、当時の電通という会社は、けっこう安からぬ給料を払ってくれていた。才能がないというのは、自分の心の中では悲しいことではありましたけど、そうであっても、急に路頭に迷ったり、餓死したりするわけではない。つまり、物理的な打撃は、それほどない。

で、「だからこそ、給料ぶんぐらいの仕事はしないといけないな」と思ったんです。才能があるのに、不幸にして（周りからその才能を理解されずに、とかで）仕事にめぐまれず、あまり仕事をしてない、というのは絵になりますが、才能もないのに、給料ぶんの仕事をしてない、というのは、あまりにもかっこ悪すぎるので。

才能がないからこそ、才能がある人はやらないような仕事も、球拾いのようにどんどん拾って、給料ぶんはもちろん、あわよくば、給料ぶん以上の仕事をやってやる。

才能がない人間の心意気を、見せてやるぞ、みたいな。まあ実際には、そんなに威勢のいい感じではなかったとは思いますが…。


「自分には才能がない」と決めたら、うまくいきはじめた

で、そんな風にして、「才能がない」と決めてから自分の中で変わったことは、企画がどんどんでてくるようになった、ということなんですね。

自分に、すごい企画、誰も考えついたことのないような天才的な企画を考えつく可能性があるなら、悩みに悩んで、なかなか企画がでてこない、ということもありうるわけですが、才能がないんだから、どんなに考えてもたいした企画がでてくるわけがない。

そう思ったら、すっかり気楽になって、企画がスムーズにでてくるようになった。「どうせ自分だし、しょせんはこの程度なんじゃないの」という感覚で、もう、どんどん思いついてしまえるようになったわけです。

そうやって、どんどん思いついた企画が、じゃあ、全然だめな企画だったかというと、もちろん世の中を震撼《しんかん》させるような、すごい企画ではないわけですが、それなりには評価されたりもしました。


ちょうどその頃に企画したのが、たとえば、吉本興業のタレント総出演によるジョージアの「明日があるさ」というCMや、岸本加世子さんと田中麗奈さんが店員のお店に樹木希林さんが客としてやって来る、富士フイルムの「フジカラーのお店」というCMだったのですが、自分としては、「まあ、自分だとこの程度だな」という感じの企画だったにもかかわらず、あれよあれよという間に広告主さんに選ばれ、つくってみて世の中にオンエアすると、それなりに評判にもなった。

わざと謙虚っぽくいっているわけではなくて、本当にどちらも、才能のきらめきのようなものを感じさせるような部分はまったくない企画だと思うんです。

ダウンタウンをはじめ、吉本興業のタレントのみなさんが、『明日があるさ』の替え歌をバックに、現代のサラリーマン模様を淡々と演じます、とか、岸本加世子さん、田中麗奈さん、樹木希林さんの三人が、フジカラーのお店で、商品についての会話を軽妙に交わします（二〇〇一年は、藤原紀香さんも出演）、ということですから、正直、誰にでも思いつけそうな企画です。

そんな、自分から見てもベタっぽい企画が、それ以前に自分なりに考えに考え、これはすごく斬新なんじゃないかと思って提案した企画よりも、なぜか評価が高かったわけです。

もちろん、本当に才能がある人は、そうじゃないほうがいいと思うんですよね。ひとつひとつの仕事で、必ず、誰も思いついたことのないような、斬新で、その人にしか思いつけない企画を思いついていく。基本、まずは、それを目指すということでいいと思うんですが、全員がそうなれるわけではないので…。で、そうじゃないんだったら、自分には才能がない、という前提で、もう気楽にどんどん企画を考えてしまう。

私の場合、そういう風にしはじめてから、少なくともその前よりは、仕事がうまくいくようになったのは確かなのです。

日本コカ・コーラ　ジョージア

明日があるさ　「登場」篇

♪：明日があるさ　明日がある

若い僕には　夢がある

いつかきっと　いつかきっと

わかってくれるだろう～

明日がある　明日がある

明日があ～る～さ～

N：ジョージアで行きましょう。

富士フイルム

お正月を写そう 2001 「とびっきりの顔」篇

♪：お正月を写そう

岸本店長：21 世紀最初の 1 枚ですから。

田中店員：とびっきりの顔で写ってください。

樹木希林：がんばってみます。

岸本：いきま〜す。

樹木：ふんっ。

（力を入れると、顔が藤原紀香に）

田中：すご〜い！

岸本：もう 1 枚いきます。

樹木：ふんっ。

（再び顔が藤原紀香に）

田中：すっごい技、持ってますね！

樹木：時どき重い物を持っても

なっちゃうんです。

ふんっ。

（またまた、顔が）

♪：フジカラーで写そう

企画をどんどん思いついてしまうことの効用

思いつけば思いつくほど、さらに思いつきやすくなる

気楽になって、企画をどんどん思いついてしまうことの効用は、すごく大きいものがあります。

たとえば、私は、午前中、十時から十二時までの二時間を、なるべく企画にあてるようにしているのですが、二時間考えて、何も思いつかなかったりしようものなら、朝から本当にげんなりしてしまいます。

「何だったんだいまの二時間は?」と悲しくなる。そして、自分にはもう一生何も思いつけないんじゃないかと絶望し、どこか、北の海にでも逃げ出したくなる。それに、企画すること自体が嫌いにもなってくる。

一方、たいしたことのない企画でもいい、と気楽にかまえて、本当につまらない企画

でもどんどん思いついたものを形にしていくと、二時間後には、たとえば、五案ぐらいの企画ができていて、自分の目の前で紙のたばになっていたりする。

そうすると、もう、それだけで気分がいいんですね。とにかく、自分は二時間企画をやったということが、形になって残っていますから、「おつかれ、自分。よくがんばったね」という感じになる。

いい悪いは別にして、もう企画自体はあるわけですから、次に考えるときにも、ますます気楽に考えることができるようになる。

「まあ、全然思いつけなくてもすでに五案もあるもんなー」と思うと、心に余裕ができて、ますます思いつきやすくなっていく。

しかも、思いついたときには、「まあ、思いついたことは思いついたけど、全然だめな企画だなあ」と思っていたものが、翌日にあらためて見直すと、「意外といいかもなあ」となったり、周りの人から、「これ、いいですね」といわれたりすることもけっこう多い。

だから、気楽にどんどん思いついてしまうというのは、私のような凡人プランナーにとっては、けっこういいことづくめなのです。

まずは何でもいいから、思いつく

よく若いプランナーの方や、プランナーを目指す若者などで、頭が真っ白になって一案も思いつかない、という方がいますが、これは、「いい企画」を思いつこうとしているから、であることが多いんですよね。

いきなり、周りの人々がひれ伏すような、すごい企画を思いつこうとしていることが多い。

まあ、それで本当に思いついちゃえば、それはそれでいいんでしょうけど、すごい企画を思いつくどころか、何も思いつけなくなったりしているようでしたら、とにかく、何でもいいから思いつく、という方向に、転換してみたらどうでしょう。

人は、「何でもいい」と思ったら、何かは思いつきます。で、そうやっていろいろ思いついていいるうちに、いつの間にか、いいことを思いついている自分に気づくかもしれませんよ。

クリエイタータイプとノンクリエイタータイプ

その商品は人生とどうかかわるか？

では、具体的に、私がどうやって企画しているか、を書いてみます。

まず、企画に使う道具は、Ａ４の白いコピー用紙と、ボールペンと、修正液です。で、紙にボールペンで、思いついたことを書き、間違ったり直したいときは修正液で消す、という風に進めていくわけですが、…そういうことじゃないですよね、みなさんが知りたいのは…。


そんなに普段、意識的に企画しているわけではないのですが、あえていうと、私が企画をはじめるときには、その広告する商品と、人の人生とがどう関係するか、というところからスタートすることが多いかもしれません。

実際に、白い紙の、左側に「商品名」を書き、右側に「人生」と書いて、その二つを線で結びながら、それがどう関係していくかぼーっと考えていく、という作業をすることもあります。

どんな商品も、ある理由があって生まれてくる。わざわざ開発され、製造されて、発売されているわけですから、すべての商品には、存在理由があるわけですね。

その存在理由というのは、人の人生とどうかかわるかを考えていくことで、わかってくる。

その商品があることで、人の人生にはどういうプラスがあるのか。その商品がないことで、人の人生にはどういうマイナスがあるのか。その商品は、どんな人の人生を変え、どんな人の人生を変えないのか……。

こういう風に書くと、何だか偉そうにすごいことをいっているように見えるかもしれませんが（全然見えないかもしれませんが）、これって、ものすごく普通のことをいっているんですね。

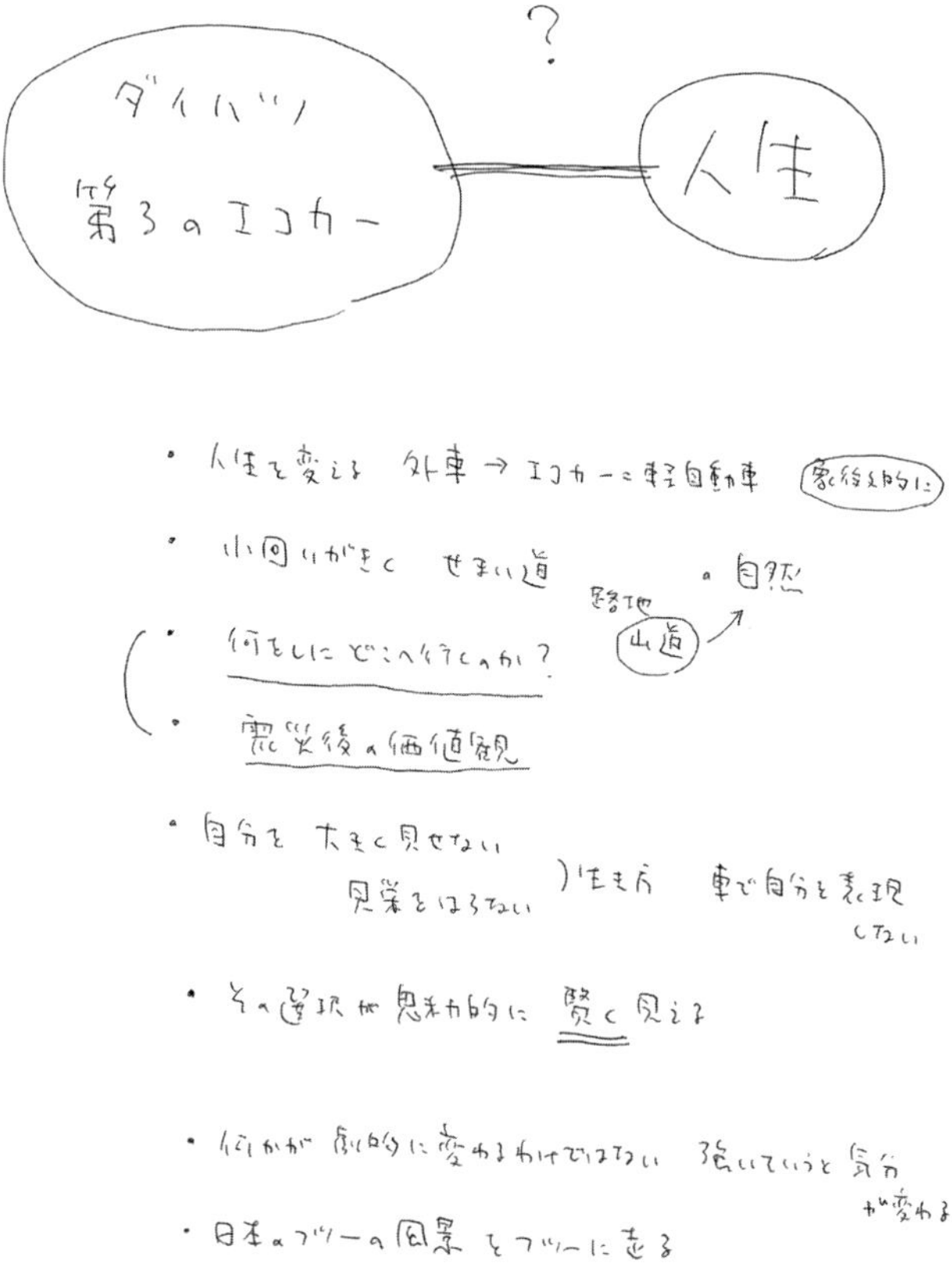
?
ダイハツ
第3のエコカー
人生
・人生を変える　外車→エコカー＝軽自動車　象徴的に
・小回りがきく　せまい道
路地
山道
・自然
・何をしにどこへ行くのか？
・震災後の価値観
・自分を大きく見せない
見栄をはらない
生き方　車で自分を表現しない
・その選択が魅力的に賢く見える
・何かが劇的に変わるわけではない　強いていうと気分が変わる
・日本のフツーの風景をフツーに走る

「商品と人生」のメモ

基本の基本といいますか、普通、広告ってそう考えていくだろうな、ということをいっているにすぎない。たぶん、すでにプロのCMプランナーの方々は、いまのところを読んで、「こいつ、何、あたりまえのことといってんだ」と思っていると思います。

でも、しょうがないじゃないですか、本当にそうやっているんですから。この本だって、頼まれたから書いてるんであって、好きで書いてるわけじゃないですし。あ、すいません、開き直りすぎました。

とにかく、私の企画法は、数多いCMプランナーの中でも、ガチガチの保守、超・オーソドックスなタイプだと思います。

クリエイターには大きく2つのタイプがある

私たちの職種って、「クリエイター」と呼ばれたり自分で名乗ったりすることが多いのですが、（すいません、かっこつけてて…）、私が見る限り、広告のクリエイターには、二つのタイプがありまして、「クリエイターータイプ」のクリエイターと、「ノンクリエイタータイプ」のクリエイターに分かれると思うんですね。

「クリエイタータイプ」とは、表現したいことが、もともと自分の中にあるタイプ。たぶん、小さい頃から、何かを表現したり、創ったり、といったことに興味や才能があり、その延長線上で、広告の仕事を選んだんでしょう。で、もともとの自分の中にある、表現したい何かと、その時どきの、広告する商品とをうまく結びつけて、企画を考えていく。

こういうタイプの方々は、普段からノートにアイデアのネタみたいなものを書き留めていたり、映画や小説などに影響を受け、こういう感じのものをやりたいんだ、というところから、企画に入ったりすることも多いようです。

一方、「ノンクリエイタータイプ」とは、いわば受注体質のクリエイター。最初から自分の中に表現したい何かがあるとかではなくて、あくまでも、仕事を頼まれてから考えはじめるというタイプで、私は、典型的に、こちらのタイプです。

ですから、さきほど書いた通り、広告のオリエンテーションを受けると、その商品が人の人生とどう関係するか、というものすごくオーソドックスなところからこつこつと考えはじめて、その商品の存在理由を、CMの形で、どう表現すればいいか、ということを考えていく。

「クリエイタータイプ」の方々は、もともとあった自分がやりたいと思っていた表現と広告する商品とを、いわば強引に結びつける、という企画法になりますから、表現にジャンプがあるわけですね。

だから、表現と商品の間に距離があればあるほど、斬新で、誰も想像もできなかったような企画ができたりする。そしてうまくいけば、世の中の人々が度肝を抜かれるようなCMになる。

また、表現が、そのクリエイターの内側から生まれてきているものであるだけに、CMに、その人らしい作風みたいなものがでることになる。広告界には、「多田さんっぽいCM」とか、「山崎さんっぽいCM」とか、「澤本さんっぽいCM」みたいな言い方をされる、はっきりとした作風をもったプランナーの方が何人かいて、みなさん一流のクリエイターとして、高く評価されていらっしゃるわけです。

ノンクリエイタータイプのいいところ

それに比べて、「ノンクリエイタータイプ」は、商品からこつこつ考えていって、最終的な表現を考えますので、そんなにジャンプはないんですね。

もちろん多少のジャンプはないと、CMとして目立ちませんから、まったくないというわけではないのですが、そんなにみんながびっくりするようなジャンプはない。

マサイ族のジャンプがクリエイタータイプだとすると、せいぜいバレー部の中学生のジャンプでしょうか。あまり、このたとえには意味がなかったかもしれませんが。

私のつくっているCMも、みんながびっくりするような斬新な表現というのはまったくなく、たとえば、缶コーヒーでいえば、働いたあとに、缶コーヒーを飲んで少し元気になる、という超・オーソドックスな表現で描いています（ジョージアの「明日があるさ」もBOSSの「宇宙人ジョーンズ」も、一見まったく違うように見えるかもしれませんが、結局はそれを描いています）。

で、そういう風にジャンプ力が低いと、悪いことばかりかというとそうでもなくて、その商品らしい表現になっている、とか、その商品が身近に感じられる、とか、そういうことは、むしろクリエイタータイプの方の表現より、実現しやすいかもしれないんですね。あくまでも商品発想ですから、商品と近い表現には必ずなっている。

また、ひとつひとつのCMが、それぞれの商品に合わせた表現で描かれますから、クリエイターの作風みたいなものは、でにくくなります。

「宇宙人ジョーンズ」と「こども店長」と「マルちゃん正麺」って、どれも私が企画したCMですけど、どうですか、共通する作風とかって、感じられませんよね。あ、それとも少しは感じます？　少なくとも、自分ではわかりません…。

いずれにしても、そんなにはっきりした作風というようなものは、「ノンクリエイタータイプ」のクリエイターにはでてこない。

それはそれで、ちょっと寂しいような気がしなくもないんですが、プロのプランナーとして、そっちのほうがかっこいいという考え方もあると思うんです。まあ、やや負け惜しみのような気もしますが…。

というわけでまとめますと、私の企画のやり方をあえて言語化するなら、あくまでも商品発想で、こつこつと、その商品の存在理由から考えていく。

そして、その存在理由をちょっと誇張して描けばギャグCMになり、等身大で描けば共感CMになったりする、という、そういうとてもオーソドックスなやり方でやっています。

最初のイメージと最後にできた企画が合っているか

「いい企画かどうか」を判断するポイント

自分が思いついた企画が「いい企画なのかどうか」、なかなか判断できない、という悩みをもっている方も多いのではないでしょうか。

それを判断するために私がやっていることのひとつが、最初にもったイメージと合っているかを、あとから検証する、というやり方です。

広告というのは、その企業とか、その商品に合った表現というのがあると思うんですよね。

たとえば、同じ缶コーヒーでも、ジョージアだと、明るくてカラッとした感じ、とか、BOSSだと、ちょっと悪ガキっぽくて、ひねくれた感じ、とか。あれ、そういう感じ、ないですか？　私が思っているだけでしょうか。

やはり、ジョージアだから「明日があるさ」で、BOSSだから「宇宙人ジョーンズ」

なのであって、その逆はないと思うのです（そういえば、さっきから私がジョージアとBOSSを両方企画したことを堂々と書いていますが、当然、同時にやったわけではありません。それは、広告界のモラルに反しますので。ジョージアの仕事を終えて、三年ほどたってから、BOSSをやっていますので、念のため）。

で、そういう、その商品らしい「感じ」をつくり出すのがまさに広告である、ともいえますし、広告は、そういう商品の「感じ」をうまく描けてないと、どこか違和感のようなものが残るものになってしまう、ともいえる。

無理矢理、その商品からは想像もつかない斬新な表現で広告をスタートしても、やっているうちに、社内外から、なんか違うんじゃないか、という声があがり、あるいは、声があがらなくてもなんとなくそんな雰囲気になり、結局はその広告は長続きしなかったりする。

そこで、私は、企画をはじめるときに、まず、「こんな感じのCMになるといいんじゃないか」というイメージをもつようにしているんですね。

それは、そんなにはっきりと言語化するというわけではないのですが、この商品には、なんだかほのぼのした、あったかい感じが似合いそうだな、とか、ちょっととんがった悪そうな感じが似合いそうだな、とか、そういうイメージを最初にもつ。

なんだか、書いていると難しいことをいっているようですけど、難しいことじゃありません。誰もが普通に生活していて感じる、「その商品だったら普通こんな感じのCMになるだろうな」というその「感じ」を、企画をはじめてしまう前に、少しだけ立ち止まってイメージしてみる、ということです。

で、企画をはじめてからは、一度そのイメージを忘れてしまいます。そして、数日なのか、数週間なのか、数か月なのかわかりませんが、とにかく企画を考える。

さきほど書いた通り、自分に過度に期待せず、気楽に考えていけば、いつしか何案かの企画のたばが、自分の前に積み上がっていることでしょう。

そうやって、企画ができたところで、最初にもった、「その商品だったら当然こんな感じのCMだよね」というその「感じ」が、表現できているかを確認していきます。

一見いい企画のように思えたものでも、その「感じ」とは違う「感じ」になってしまっている企画は、泣く泣く落としていきます。

でも、不思議なことに、思いついたときに、「これはいい企画なんじゃないかな」と思った企画というのは、最初にイメージした「感じ」もちゃんと表現できていることが多いものなんですけどね。

広告が長く続くために

私は、「広告というのは、同じ表現で長続きしたほうがいい」と思っています。商品のほうが、そのCMよりも有名なうちは、あんまり広告というのは効果をあげないんじゃないか、と。

「BOSSのCMといえばあれ」とか、「トヨタのCMといえばあれ」とか、世の中のかなりの数の人が広告のことを覚えてくれてはじめて、広告が商品の手助けをできるようになるのではないかと思うのです。

で、そうなるためには、ある程度同じ表現でシリーズの広告が続かないといけない。単発で数回オンエアしただけ、とかでは、世間は覚えてくれませんので。

ところが、シリーズの広告って、つくり手が最初に飽きてしまうことが多いんですよね。で、「飽きられる前に、もっと新しいことをやりましょう」と提案してしまう。自分からクリエイターと名乗るぐらい、もともと新しいものを「創りたい」、という人が集まっているから、どうしてもそうなるんでしょうけど…。

私は、広告が、「水戸黄門」とか「笑っていいとも！」みたいに、多少マンネリでもおなじみの存在になることはすごくいいことだと思っているので、「変えましょう」ではなく「続けましょう」と言い続ける、珍しいタイプのクリエイターかもしれません。

その点でも、やっぱり、「ノンクリエイタータイプ」のクリエイターです。私が企画しているCMでいうと、いま、BOSS「宇宙人ジョーンズ」シリーズが九年目、ENEOS「エネゴリくん」シリーズが七年目、タウンページ「良純さんが行く」シリーズも七年続きました。いい悪いは意見が分かれるでしょうけど、けっこう長続きする広告をつくっているタイプだとは思います。

で、話は戻りますけど、長続きするためには、やはり、その商品の「感じ」をぴったり表現した企画を考えないといけないいんですよね。

そうじゃないと、どんなに、その広告が話題になったり、広告賞をとったりしても、なぜか、続かない。どこかで、なんか違うんじゃないか、とばれてしまう。

そうならないためにも、最初にもったイメージと最後にできた企画が合っているかを答え合わせする、というやり方は、けっこう有効だと思っています。

ＪＸ日鉱日石エネルギー
エネゴリくん「新スローガン発表」篇

社長：というわけで、
ＥＮＥＯＳの新しいスローガンを
「エネルギーを、ステキに。ＥＮＥＯＳ」
としました。
水川あさみ：「エネルギーを、ステキに。」
って、もしかして
「ＥＮＥＯＳ」とかかってるんだ。
ちょっとださくない、エネゴリくん？
エネゴリくん？
エネゴリくん：ウォー！　ウホッ！　ウホッ！
ウホッ！　ウホッ！
社長：ちょっと、そこのゴリラっぽいキミ！
水川：喜んでる？
喜んでるの、エネゴリくん？
社長：喜んでるんだったらいいけど。
♪：エネルギーを、ステキに。ＥＮＥＯＳ

タウンページ

良純さんが行く「イスの張替」篇

石原良純：何かお困りのことありませんか？

（イスのカバーが破れている）

良純：タウンページありますか？

こういうときに、タウンページが

便利なんですよ。

良純：イスの張替

（子どもたちと、タウンページで調べる）

♪：あなたの町のことならタウンページ

良純：お願いします。

嘘はついてないか

広告は消費者との約束を描く

企画を判断するときのチェックポイントとして、嘘をついていないか、ということも、私は重視しています。

一応、私、名前が「真一」といいまして、山本有三の名作『真実一路』からとったともいわれているぐらいですから、真実とか嘘とかに敏感なのです。半分冗談ですが。

もちろん、どんな広告にも、嘘はあります。広告というのは、たいていその企業や商品のいいところを描きますけど、世の中にいいところしかないというものなんて存在しないでしょうから、その時点で、必ず嘘はある。

また、広告にはタレントという名の、美男やら美女やらが登場するわけですが、そんな美男やら美女やらばっかりが飲むビールも、着る服も、使うケータイもないわけですから、そこにだって、嘘はある。

まあまあ、でも、そこまで固いことといわなくていいのではないでしょうか。そういう嘘まで気になる人は、ちょっと広告には向いてないかもしれません。

そういう風に考えていくと、この現代社会すべてが何から何まで嘘っぱちだ、というところまでいってしまいそうです…。

ただ、さきほど私は、自分の企画法として、「その商品と人の人生がどうかかわるか、というところから企画していく」ということをいいました。そうだとすると、広告というのは、その商品が、あなたの人生にどういうことをしてくれるか、ということを描くことになる。いわば、商品から消費者への「約束」を描くことになるんですね。

約束といいえば、昔から、「嘘ついたら針千本飲まされる」ようなことじゃないですか。ですから、消費者をだまして針千本飲まされないためにも、なるべく、できる約束だけをする、できない約束はしない、というのが、大事だと思うのです。

リアルを心がけたダイハツの「日本のどこかで」シリーズ

たとえば、私が企画した、ダイハツの「日本のどこかで」シリーズ。

このシリーズは、低価格で、ハイブリッドカー並みの低燃費を実現したダイハツの軽自動車を〝第3のエコカー〟と名づけ、日本のどこかで、さまざまな人が、さまざまな理由で〝第3のエコカー〟を選んでいくストーリーを描いています。

このシリーズは、CMにしては、かなり嘘が少ないCMになるように、心がけました。

第一シーズンでは、主人公の青年を演じる瑛太さんが、派手な都会暮らしをやめ、生き方を変えるために田舎に移り住む。

田舎で暮らすからには、クルマはないと不便ですし、自然も大切にしたいから、エコカーに乗りたい。でも、ハイブリッドカーなどのエコカーは、そんなに安いわけではない。そこで、新しい選択肢として、〝第3のエコカー〟を選ぶ、というストーリーを描きました。

その選び方が、嘘くさくなく、なるべくリアルになるように心がけた。また、〝第3のエコカー〟に乗りはじめてからの暮らしも、それで何もかもがハッピーになるわけではなく、主人公の新しい暮らしに、本当に少しだけ、前向きな影響を与える、という描き方です。

第二シーズンも同じです。離島で暮らす父が倒れ、息子を演じる吉岡秀隆さんが、家業の醤油づくりを継ぐために、島に戻って来る。

ここでも主人公は、自然のこと、そして、家計のことも考えて、〝第3のエコカー〟を選び、そのクルマは、少しだけ、生活にも、主人公の心にも、変化を与える。

ともするとＣＭというのは、「これすごーい」とかいいながら、実際にはありえないぐらい積極的に商品を選んでしまったり、商品を使いはじめると、もうそれだけで人生がいいことづくめになってしまったり、そういう描き方になりがちなんですね。

でも、このダイハツのシリーズでは、ある人生と軽自動車のかかわり方を、なるべく嘘がないように、描いてみました。スポーツカーでも高級車でもない、ダイハツの軽自動車を選ぶというのは、こういう感じなのではないかということを、なるべくリアルに描いてみた。

で、かなり地味なＣＭではありましたので、大丈夫かな、という気持ちもなくはなかったのですが、オンエアしてみるとけっこう話題になり、企業のブランド力アップに貢献できた、とも聞いています。

目立つにもいろいろなやり方がある

広告というのは、目立たないといけないものだとも思うんですよね。ほとんどの広告が、誰の心にも残ることなく消えていく、というのが事実ではある。

で、その、「目立つ」という意味でも、「嘘をつかない」というのは、ひとつの方法かもしれません。嘘ばかりついてる広告が、世の中の大半だとすると、その中で、嘘をついてない、というだけで目立てるかもしれない。

それを、もっとエンターテインメントにまで昇華する形で実現したのが、関西電通の方々がつくる金鳥などのCMですよね。

CMの中で、普通はCMではいわないような本当のことを平気でいってしまう。しかも、それがちゃんと、誰もが爆笑するようなおもしろい表現にもなっている。伝統の「大阪の本音CM」というのは、本当にすごい破壊力をもっています。

私が企画したダイハツのCMは、それとはまったく違うタイプのものではありますが、「なるべく嘘をつかない」ことで、かえって目立つ、という結果にはなったのかな、と思います。

ダイハツ工業

日本のどこかで　第1シーズン「新しい町」篇

N（瑛太）：新しい町で暮らしはじめた。
女友だち：生き方を変える？
瑛太：うん。2人とも遊びにきてよ。
N（瑛太）：新しい町には
出会いなんかもあったりする。
吹石一恵：かっこいいね。車。
瑛太：ああ、そうか、なんだ。
でも、エコカーに買い替えようと思って。
N（瑛太）：といっても、
エコカーってけっこう高いんだよな。
テレビ：ダイハツが第3のエコカーを
発表しました。
N：第3のエコカーを選びませんか。
ダイハツから。

ダイハツ工業

日本のどこかで　第２シーズン「故郷の島」篇

Ｎ（吉岡秀隆）：父が倒れ、僕は島に戻って来た。

友人：おかえり。

吉岡：変わらんなあ。

父：都会でぶらぶらしとったおまえにやれるんか？

吉岡：たぶん…。

父：たぶん!?　醤油づくりをなめるな！

母：あんた！

妻（中越典子）：いいとこだよね。

吉岡：なんにもないとこだよ。

友人：こっちで暮らすんやったら、車持たんとな。

吉岡：車かあ。

妻：この島なら、エコカーじゃないとね。

吉岡：そういうの高いんじゃないの？

Ｎ：第３のエコカーを選びませんか。ダイハツから。

周りの人にどんどん見せる

「開いた企画」にしていく

私の場合、自分には才能がないわけですから、企画を人にどんどん見せる、ということも心がけています。誰かがいいことをいって、企画をよくしてくれるのではないかと思って。

よくお弁当を隠しながら、誰にも見せないように食べる女の子って、小学校のときにいましたが（あれは何を隠したかったんでしょうね）、それと似ていて（似ていないかもしれませんが）、企画を誰にも見せずにひとりでずっと考えていて、自分の中で完璧に完成されたところで、やっと周りに見せる、という人がいらっしゃいます。

で、そういう方というのは、自分の中で、もう検証に検証を重ねて、結論がでた企画になっていますので、他人に何かをいわれたとしても、企画を直したり変えたりしたがらない。

その企画のままで、最後まで完成させることにこだわる。それだけ自分の企画に自信があるということでもありますし、完成イメージをきちんともっているということでもありますから、むしろ、優秀なクリエイターに多いタイプだと思います。

私の場合は、その逆で、思いついたそばから、どんどん周りの人に見せてしまう。で、その反応を見たり、意見を取り入れたりしながら、企画を直していく。

まず、「自分には才能がない」と決めてますから、そんなに完成度が高くない企画を見せると、人に才能がないと思われるんじゃないか、と恐れる必要がない。もし、そう思われても、「ええ、だって才能ないですから」と開き直ればいいだけですので。

しかも、なかなか企画を見せないと、「それだけ考えているからには、すごい企画がでてくるんだろうな」と、ハードルがあがっていくのでいやなんですよね。

それよりは、まだ途中ですから、という感じで、どんどん見せたほうが、プレッシャーがかからない。もしだめだとなっても、「まあ、まだ、途中ですから」と、言い訳ができる。

それに、そもそも、いろんな人の意見を取り入れたほうが、「閉じた企画」にならない気がするんですね。

自分ひとりで全部考えて、その通りにつくっていく方のつくったものというのは、もちろんその方が優秀であれば優秀であるほど、ものすごくレベルが高いものができる可能性は高いと思うのですが、ひとりの人の目しか通してないぶん、どこかで、閉じている感じになるのではないか。

ひとりの人が、これはどこからどこまでも欠点がない、完璧なものだ、と思うようなものというのは、ひとりの人の感性にぴったりはまりすぎているがゆえに、ちょっと感性が違う人にとっては、ちょっとズレが感じられるものになるのではないか。

とくに、ＣＭというのは、全国津々浦々の老若男女すべての人に受け入れられないといけないことが多いですから、ひとりの人が磨きあげたピュアな表現より、いろんな人の意見が入って、ちょっと雑然としてしまった表現のほうが、向いているような気がするんです。

十の目を持つ佐々木宏さん

私が企画を見せる相手の中には、前にもちらっと登場した、広告界で知らない人はいないぐらい有名なクリエイティブディレクターの佐々木宏さん、という人がいます。

この人の場合は、目が十個ついている、といわれていまして、ひとりで、いろんな視点で、企画についての意見をいうんですね。

あるときは、日本の総理大臣にでもなったかのように、「いまの日本に、こんなCMがオンエアされることが、本当に求められているか」みたいなことを言い出したり。

あるときは、ただのタレント大好きおじさんになって、「この企画に壇蜜《だんみつ》はだせないのか」とか、「ふなっしーが後ろのほうにいてもいいんじゃないか」とか言い出したり。

また、あるときは、クリエイターというより、営業のようになって、「広告主の宣伝部長が犬好きだから犬をだしておけ」とか、「もっと商品カットの秒数を長くしないと、広告主さんには通らない」とか、そういうこともおっしゃる。

かと思うと、遠い目をしながら、「東北の被災者の方々の気持ちも考えて企画しなさい」と言い出したり…。

そうやって、次々といろんな人格に入れ替わりながら、企画を検証していく。企画している側としては、そんないろんな視点からのいろんな意見に対応していくのは大変なわけですが（しかも、ひとりの人がいっているわけですから、この人結局は何をいいたいんだ、みたいにもなるわけですが）、ＣＭというのはいろんな人がいろんな目で見るものですから、それに耐えうる「開かれた企画」になるためには、けっこう有効なプロセスなのかもしれません。

まあ、佐々木さんは、ちょっと特殊な人ですので、そんな検証マシーンのような人は身近になかなかいないでしょうけど、だからこそ、お近くに佐々木さんがいない場合は、企画ができたら、周りのいろいろな人にどんどん見せる。

鶴の恩返しの鶴のように、完成するまでは誰にも見せません、ということではなくて、「あー、私が機織《はた》りしているところ、どんどんのぞいてください。まあ、その時点では私、鶴ですけど、気にしないで」といってしまう。すいません、また必要のないたとえで。

とにかく、どんどん見せて、いいことをいわれたらどんどん取り入れる。そのくらい気楽にやったほうが、芸術作品ならぬＣＭには、合っているような気がしています。

周りの意見をごくんと飲み込む

トヨタ「ReBORN」が信長と秀吉になった理由

結局、CMがうまくいくこと。

これが何よりも大切なわけですよね。うまくいくとは、おもしろかったり、感動的だったりして評判もよく、世の中で話題になったり、商品が売れたりして、広告主さんも大喜び、みたいな状態です。

そういう状態になるために、企画をする人は、あまり自分だけで企画する、ということに固執しすぎないで、いいCMになりそうだったら、周りの意見をどんどん取り入れてしまったほうがいい。

結局、CMがうまくいったときに得をするのは、自分でもあるわけですから。もちろん、よくない意見は取り入れないほうがいいわけで、その見極めが一番難しいともいえるのですが、その見極めも、企画のうち、と思ってがんばってみてください。

たとえば、トヨタ自動車の「ReBORN」という企業CM。ビートたけしさんと木村拓哉さんが、震災後の東北をドライブする、というCMです。

このCMが生まれたきっかけは、もともと、サントリーが震災直後につくってオンエアした、「歌のリレー」というCMにあります。サントリーの契約タレント全員が集まって、『上を向いて歩こう』と『見上げてごらん夜の星を』を歌い継ぐ、という企画。

通常のCMが流せない状況の中で、ただCMを自粛するのではなく、きちんと被災された方を勇気づけるようなCMをオンエアしよう、というサントリーの思いから、まだ余震が続く中、すごい早さで制作され、オンエアされたものです。

そして、そのCMをご覧になって感動したトヨタの豊田章男社長が、「このCMをつくった人に会いたい」とおっしゃったらしく、それは誰かと調べてみると、さきほどから何度か登場している、佐々木宏という男だ、ということになりまして、このふたりが出会ったところから、トヨタの「ReBORN」はスタートしました。

で、なぜかその企画を、私が考えることになったわけですが、東北をドライブするC

M、ということで、私が最初に考えたのは、たけしさんと木村さんのふたりは、松尾芭蕉と河合曾良《そら》の生まれ変わりである、という企画だったんですね、ここだけの話。ここだけの話というわりには、本に書いてしまっているわけですが。

つまり、かつて『奥の細道』が、江戸時代の東北を描いたように、今度は生まれ変わった芭蕉と會良のふたりが、いまの東北をドライブし、被災して傷つき、でもその中でもなんとか復活しようとしている東北の姿を、記録するようなCMにしてみたらどうか、と。

その企画を、クリエイティブディレクターの佐々木さんに見せたところ、「芭蕉と會良なんて、誰も知りませんけど」といわれました。「そんな地味な人たちが登場するCMは、誰も見たいと思いません」と…。そして、「どうせ、歴史上の人物になぞらえるんだったら、信長と秀吉ぐらいしか、普通の人は知りません」と言いはじめたんです…。

そもそも、佐々木さんという人は、前にも書いた気がしますが、本を一冊、最初から最後まで読み切ったことはない、と豪語する人ですし、会話をしていても、鎌倉時代の「蒙古襲来」と、江戸末期の「黒船来航」の違いがよくわかってなかったこともあるくらいですから、かなり歴史知識もあいまいで、浅い人だとは思うんですよね。

でも、そういう、何かと知識が浅い人だからこそ、ＣＭという、より多くの人に届けないといけないものについて、正しい判断ができるともいえるのかもしれません（ちょっと悪口っぽくなっているような気がしますが、あくまでも、ほめています…）。で、この企画のときも、確かに、東北だから芭蕉と會良、ということで、理屈は合っているけど、世の中の多くの人はそれでは喜ばない、という鋭い判断をしたわけです。実際に企画をしている私としては、「信長と秀吉は、東北とあんまり関係がないんだけどな」と思うわけですよね。

ですが、確かに、歴史上の人物として、メジャーでもあり、人気もあるのは、芭蕉と會良より、信長と秀吉。そこで、人からいわれたそのアイデアを、反発しないでごくんと飲み込みまして、強引に企画をしていったわけです。

それで、最終的にうまくいったかどうかは、もちろん人によって意見が分かれるでしょうが、信長と秀吉にしたぶん、もともと東北とはあまり関係がない彼らが、なぜ東北をドライブするのか、という理由を描く必要がでてきましたし、かつて戦国時代に新しい日本をつくりあげた彼らしい視点を提示しなければならなくなったので、企画に深みがでてきた。

また、登場人物が、東北と関係なくてもいい、ということになりましたので、信長と秀吉以外にも、お市の方とか、千利休とか、狩野永徳とか、戦国時代のさまざまなスターの生まれ変わりを登場させることもできるようになった。

それに何より、トヨタの方々が、信長と秀吉であることを、とても喜んだんですよね。といいますのも、信長と秀吉って、いまでいう愛知県の出身ですから、同じく愛知に基盤があるトヨタにとっては、とても感情移入しやすいキャラクターだったわけです。

強引に、信長と秀吉にした結果、たしかに、「よく意味がわからない」という批判も、世の中にはありました。でも、その強引さのおかげで、得たものもかなりある。

ひとりの人が、きちんと整合性をもって考えたものよりも、他の人に違う意見をいわれて、無理矢理それを取り込み、成立させようとして、かえって企画にふくらみや、広がりがでてくる、ということは、やっぱりあると思うのです。

トヨタ自動車

ReBORN 「石巻」篇

信長（木村拓哉）：石巻ですね。
秀吉（ビートたけし）：あっ、
仮面ライダーだ！
信長：ここって、石ノ森章太郎さんの
故郷なんですよね。
秀吉：よく残ってたなあ。
信長：町を守ろうとしたんですかね。
秀吉：萬画館かあ。
なあ、海に行ってみねえか？
信長：なんで、海なんですか？
秀吉：ちょっとな。
信長：何するんですか？
秀吉：海にひと言いっておこうと思ってさ。
バカヤロー！
あんたもやってみるかい？
信長：バカヤロー！
N：トヨタです。

あのろくでもない、すばらしきコピーの誕生秘話

もうひとつの例は、サントリーＢＯＳＳのＣＭ「宇宙人ジョーンズ」シリーズのキャッチフレーズです。

このとき、私が最初に書いたのは、「このすばらしき、ろくでもない惑星。」というコピーでした。

宇宙人ジョーンズが地球調査を続けていく中で、彼はこの惑星の、「すばらしさ」と「ろくでもなさ」を、おそらく両方発見していくだろう。そして、それは、この惑星で生きる我々すべての、この惑星に対する感想でもある。それをそのままコピーにしてみたらどうか、という発想です。

ですが、このコピーを見た、グラフィック広告を担当しているコピーライターの照井晶博さんという方が、「すばらしき」と「ろくでもない」の順番を入れ替え、「惑星」を「世界」に変えて、「このろくでもない、すばらしき世界。」というコピーにした。

受け手にとって、後ろに肯定的な言葉がきたほうが、読んだあとの印象がいいだろうということで、「すばらしき」を後ろに回し、また、ＣＭと離れたところでも機能する

コピーにするためには、「惑星」だと限定的すぎるということで、「世界」にしたそうです。そうしていまの形になった。

これも、変更したことで、よくなったのかそうでもないのか、人によって意見が分かれるかもしれませんが、TCC（東京コピーライターズクラブ）というコピーの賞で、このコピーをふくむシリーズCMがグランプリを受賞しましたし、それなりに評価されているコピーにはなっているんだと思います。シリーズがはじまって、八年以上たついまでも、使われ続けているコピーになっていることは、確かなんです。

反対意見を楽しんでクリアする

課題をクリアするのを楽しんでいた佐藤雅彦さん

意見というのは、身内といいますか、一緒に企画を考えている仲間からでてくる、とは限りません。

むしろ、反対意見が一番でてくるのは、その企画を提案している相手である広告主さんから、であることが多いんですね。

広告主さんから、企画に反対する意見がでてきたときに、「なんだよ、理解力のない広告主だな」とか、「なんとか説得して自分の企画を通してやる」とかいう反応も、理解できる、というか、まあ、そのほうが、一般的だと思うんですよね。

ですけど、誰よりもその広告する商品のことを考えているのは広告主さんでしょうから、彼らが、企画をよくしてくれる意見をいってくれている可能性も高い。とすれば、それを取り入れたほうがいい企画になる可能性も高いわけです。

前章でも紹介した、佐藤雅彦さんというかつての天才CMプランナー。最近では紫綬《しじゅ》褒章《ほうしょう》も受章されたらしいこの方は、広告主さんからいわれた反対意見を、いわばゲーム感覚でクリアしていき、結果的にいい企画にしてしまう、という天才でもありました。

もともと数学をやられていたらしいこの方は、何か課題を与えられて、それを見事にクリアする、ということに喜びを見出すタイプらしいんですね。まるで数学の問題を解くかのように、反対意見をクリアしていく。

ですから、たとえば提案した企画に対して、「商品の印象をもっと強めたい」とか、「あまりおもしろいシーンがあると、商品の印象が弱まるのでやめてほしい」とか、「とはいえ、おもしろいところもちゃんとつくってほしい」とか、普通だったら、「じゃあ、どうすればいいいんだよ！」となってしまいそうなたくさんの注文も、ひとつひとつ、全部クリアしていく。

そして、そのプロセスを通して、なぜか結果的に、企画もよくなっていく。そこがすごいところです。

佐藤さんが、プレゼンテーションの場で、広告主さんからの十個ぐらいの課題に対して、「一の課題はこうクリアしました。二の課題はこうクリアしました…」と、ものすごくうれしそうに（というか、はっきりいって、得意そうに？）説明している姿が、懐かしく思い出されます。それは、まだ若かった私にとって、かなりかっこいい姿として映りました。

反対意見によって企画がよくなった「明日があるさ」

その若いときのすりこみがあるものですから、私は、広告主さんからの反対意見を、ものすごく取り入れるタイプです。抵抗して戦ったりは、ほとんどしない。まあ、私の場合、性格的に戦うのが苦手、ということもあるのですが…。

そして、佐藤さんのように、見事にクリアしつつ、企画もよくなっている、ということを毎回目指しているのですが、天才じゃないので、そこは、うまくいってるかどうか…。ただ、広告主さんの反対意見で、企画がよくなることがある。これは、確かです。たとえば、ジョージアの「明日があるさ」シリーズのＣＭ。この企画で、私がもともと主人公として提案したのは、松本人志さんでした、ここだけの話。また、ここだけの話を書いてしまっていますが、大丈夫でしょうか。

ですが、広告主さんから、「松本人志さんだと、個性派すぎて、多くの人が共感できるサラリーマンの代表、のような存在になれないのではないか」という反対意見がでた。

そこで、主人公を、同じダウンタウンの浜田雅功《まさとし》さんに変えまして、企画をやり直したのですが、そのとき悩んだのが、松本さんをどうだすか、ということだったんですね。ライバル社員役とか、会社の会長役、とかいろいろ考えたのですが、そんなにおもしろくならない感じがする。

で、悩んだあげく思いついたのは、会社という組織の中で、常に前向きにがんばる主人公が浜田さんだとすると、彼の心の中には、「もっと自由気ままに生きたい、もうひとりの自分がいるのではないか」と。

その、同じ人間の、コインの表と裏のような関係にある、もうひとりの浜田さんを、松本さんに演じてもらおう、と考えたんです。ここから、浜田さんの近くに、いつも職業を転々と変えながら、自由に生きる謎の男＝松本さんが登場する、という最終的の形になった企画が生まれた。

これはおそらく、松本さんを主人公に、私が当初企画したままでやっていたよりも、企画に深みとひねりが生まれて、よくなったケースではないでしょうか。

もちろん、なんでもかんでも、広告主さんの意見を聞くべきだ、ということではありません。時には、よりよい広告にするために、きちんと反対したり、真剣にぶつかり合ったりすることも大事だと思います。

ですが、私はどうもタイプとして、よくドラマにあるような、「激しくぶつかり合った結果、かえって友情が深まり、最後は肩を組んで笑った」みたいなことはできにくいので…。

どちらかというと、なんとかぶつからないで、反対意見もうまく取り入れて、クリアしたい、と思うタイプではあるのです。

一番大事なのは、考える時間をとること

一番働いているのは白紙の時間

ここまでいろいろ、「企画術」というようなものを書いてきましたが、なんだかんだいって、企画で一番大事なのは、「考える時間をきちんととる」ということかもしれません。ものすごく当たり前のことのような気もしますが、一応、書いておきます。

よく広告会社の営業の方とかが、打ち合わせやプレゼンのスケジュールを入れようとして、私の手帳をのぞきこみ、「あ、この時間空いてますね」などとおっしゃいますが、空いてないのです。

実は、CMプランナーが一番働いているのは、手帳に何も予定が書いてない、「白紙の時間」なのです。そこが、まさに、考えている時間、ですから。

私の場合は、前にも書きましたが、毎日午前中、十時から十二時までを、企画をする時間、と決めています。

この時間を、仕事が忙しかったり、前の晩遅くまで飲んじゃったりしても（私の場合は、ほとんど飲めないし、飲み会にも誘われないので、それについては大丈夫なのですが）、いかにキープし続けるか、ということが大事なわけです。

ですから、これを読んだ、私と仕事をする可能性のある方は、なるべく私に午前中に予定を入れない、ということを心がけてほしいのです。誰も読んでないかもしれませんが。

やはり、企画というのは、考えないとでてこないんですよね、残念ながら。気がついたら、企画ができていた、みたいにはならない。

CMでいうと、打ち合わせやら、プレゼンやら、撮影やら、編集やら、いろいろなことがあって、なんとなく忙しくしていると、まるでがんばって働いているような錯覚に陥りがちですが、自分の仕事の中心が企画、なのであれば、その錯覚はすぐに捨てたほうがいいかもしれません。

忙しくしているのは、ただ単に、企画をさぼっているにすぎないのかもしれない。そして、なるべく、手帳に、白紙の部分を多くする。

企画は毎日やってないとできない仕事？

そもそも、ＣＭの企画というのは、ものすごく面倒くさいんですね、はっきりいって。商品のどういうところを訴求するか、それには、どんなストーリーがいいのか、ということを考えるだけでも大変なのに、「このタレントさんの場合、アップを二回入れないとまずい」とか、「音楽はタイアップ曲が決まってしまっている」とか、「今回は予算が限られているから大きなセットは建てられない」とか、他にもさまざまな要素がからんでくる。

これらをすべて解決しながら、きちんと広告効果もあげ、世の中でも評判になる企画にしないといけない。しかも、たったの、十五秒とか、三十秒のＣＭで、ということですから、みなさんが思っているよりも、けっこう大変なのです。

こんな面倒くさいことは、毎日毎日コンスタントにやっているからできるのであって、一週間まったくやらなかったら、もうできなくなるかもしれません。だからこそ、考える時間を取り続ける必要がある。

と同時に、少なくとも私の場合、その時間がこの仕事の中で、一番好きな時間であることも確かなんですね。

ひとりで、企画を、じっくり考える時間。これが好きな人は、基本的に、企画に向いている人、といえるのではないでしょうか。

人は、ゼロから思いつけない

誰もが「何か」から「何か」を思いつく

人の頭というのは、必ず、何かから何かを思いつくようにできているんですね。決して何もないところ、ゼロから何かを思いつくようにはできていない。それは、二十年ぐらい企画という仕事をやってきての、実感です。

よく日本史とかの授業が嫌いな人が、「歴史には過去のことしか書いてないから、未来のことを考えるのには役に立たない、だから意味がない」というようなことをいって、一瞬、「なるほど――」と納得しそうになることがありますが、じゃあ、未来のことはどうやって考えるんでしょうか。

結局、未来のことであろうと、考えるための材料は、いまあるもの、つまり、過去の集積から考えるしかない。何かを考えようとした瞬間に、過去の何かを使って考えている、それが人間の頭なんですね。

まあ、日本史が嫌いな人は、変な理屈は使わないで、ただ、嫌いだから嫌い、といったほうがいいですよ。私は、日本史、好きでしたけど。

広告の企画についても、誰も見たことがないような、まったく新しいものを思いつくためには、過去の何も参考にはならない、と、ゼロから考えようとする人がいますが、そうすると、絶対に何も思いつきません。

繰り返しますが、人間の脳というのは、好むと好まざるとにかかわらず、そういう風にはできていないんです。

まったく新しい、と感じられるアイデアも、必ず、過去の何かだったり、何かと何かの新しい組み合わせだったりから、生まれてきている。

広告を企画するときに使う過去の材料には、もちろん、過去の広告、というものもありますね。いろんな人たちが、同じように真剣に頭を悩ませてつくりあげてきたのが、過去の広告たちなわけですから、せっかく自分よりも先行して考えてくれた部分を活用する。

そのことで、こちらの企画するプロセスが少し省けたり、それをヒントにまったく違うことを思いついたり、といったことも、よくあるような気がします。

私が知っている範囲でも、優秀なクリエイターに限って、過去の広告に異常にくわしかったりする。過去の広告を知るためには、たとえば、『ACC年鑑』とか、『コピー年鑑』とか、『ADC年鑑』とか、いろいろ参考にできる本がでていますので、図書館で見る、とか、古本屋で買う、とか、してみてもいいんじゃないでしょうか。あ、いまは古本屋じゃなくて、アマゾンで買うんでしょうね。いちいちいうことが古くてすいません。

企画とは、記憶である

そしてもちろん、企画する際に使う過去の材料というのは、それだけではありません。企画するその人が過去に経験したことすべてが、材料になりうるわけです。

それは、読んだ本だったり、観た映画だったりもするでしょうし、子どもの頃に体験したいじめ、かもしれないし、昨日いわれた妻のひと言、かもしれない。そのすべてが材料となって企画というのは生まれてくる。

そういう意味では、企画とは、記憶である、ともいえると思うんですね。過去の記憶のすべてが、企画の材料になる。というか、それ以外に、企画の材料というのは、ない。

企画というと、なんとなく、天才的なひらめき、とか、感性、とかが重要そうな気がしますが、企画は記憶だ、と思えば、どうでしょう？ なんか、自分でもできそうな気がしてきませんか。

たとえば、「根にもつタイプ」って、世間では悪いことのようにいわれますけど、言い換えれば、「ずっと覚えているタイプ」ということですから、企画に向いているかもしれません。

あるいは、いままでの人生がイマイチうまくいかなかった人というのは、順風満帆にいった人よりも、「いろんな感情を体験し、記憶している人」であると考えれば、むしろ企画に有利なのかもしれない。

少なくとも私の場合は、最初から書いている通り、暗くて、コミュニケーション能力が低くて、小さい頃から、集団のはじっこのほうにいた。で、そのぶん、いろんなことを観察し、それを覚えている。

そんな、数多くの、（そして、しばしばみじめな）記憶を生かしているからこそ、この、企画をする、という仕事ができているような気がします。まあ、本当はよくわかりませんけどね。

ちょっと、自分にひきつけて書きすぎましたけど、別に不幸じゃないと企画ができない、といっているわけじゃないですよ。

たとえば、音楽が大好きな人だったら、その好きな音楽に関する過去の記憶が、企画の材料になるかもしれないし、お笑いが好きで、数多くのギャグを記憶している人だったら、それも材料になるでしょう。

そう考えていくと、過去の記憶がない人なんて（そういうご病気の方以外は）いないわけですから、企画って、誰にでもできる、ともいえてしまう。

で、最初の話にもどりますけど、企画なんて、誰にでもできるんだ、ぐらいの気楽な気持ちで考える、というのは、天才じゃない私たちにとっては、とてもいいことだと思うのです。

さらにその後

～夏のさかりに、編集者K氏、講演会に感動する～

というわけで、編集者K氏に求められるままに、「プレゼン術」「企画術」について書いてきました。どうなんでしょう、少しは役に立ちましたでしょうか。あまり自分では自信ないですが…。

それに、いままで書いてきたこの分量で、一冊の本になるのかな、とまたもや不安に思っている頃、夏のさかりに、ある大学で、私が講演会を開きました。

で、その講演会を、K氏が秘かに聴きに来ていたらしいんですね、学生たちにまざって。そんなに童顔でもないのによく怪しまれなかったなと思いますが、私と同じで彼も存在感を消すのが得意そうですから、うまく潜り込んだのでしょう。

そのときに送られてきたメールがありますので、また貼り付けてみます。

福里真一さま

昨日、M大学での講演、
拝聴させていただきました。

率直に、すごく面白かったです。
もちろん、面白いだけでなく、
笑いながら講演のメッセージも伝わる、
ためにもなる講演でした。

つかみ、オチのセットが何度も展開され、
どんどん福里さんの世界に引き込まれていきました。
自分の前方にいた学科長の先生も同じツボで、
お腹を抱えながら聴いていていました。

手書きのスライドも、
味があって、デザイン的にも洗練され、
幼稚園、小学校時代の図解も最高でした。

手書きの資料、
可能ならば本にもぜひ使用させていただきたいと思いました。
まだ保管されていましたら、
引き続き保存しておいていただけると幸いです。

ところで、ベストセラーやヒット商品の開発秘話などを読むと、
メンバー同士で激しくぶつかり合ってわかり合ったり、
素晴らしいチームワークがあったりと、
これまでなかなか自分が経験したことのない場面が

少なからずあります。

それらの影響を受けて、
時に情熱あふれる体育会系に、
時に感性豊かなアーティスト系に、
時に青春ドラマのような熱血系に、
かなり無理がありながらも
自分のキャラクターを模索していました。

しかし、「電信柱の陰から見てるタイプの企画術」の連載を読んで、
共感するとともに、
ようやく自分が落ち着けるかもしれない場所を
見つけることができました。

そして、今回の講演のテーマである
「人は、自分にできることしか、できない」を拝聴し、
あらためて「やっぱり、そうだなあ」と実感しました。

もしよろしければ、先日の講演で話された内容も、
ぜひ、今回の本にご執筆いただけないでしょうか。
多くの方に読んでいただいたほうがいい内容だったと思います。

お手すきのときにご連絡いただけると幸いです。

よろしくお願いいたします。

N社　編集部　K

というわけで、また、K氏から加筆の要請がきてしまいました。おびえた目をしているわりには、けっこうずうずうしいところもあるみたいです。ですが、ここまできたらせっかくですから、やってみようかな、と。講演で話した内容を思い出しながら、なんとか文章上に再現してみようかと思います。

ちなみに、K氏が感動しているほどには、私の話がおもしろかったとは思えませんし、学生にも学科長にも、そんなにはウケてなかった気がします。

とにかく、私の話というのは、いつも、K氏のツボにははまるみたいなんですね。どこか、共通点があるからでしょうが。まあ、だからこそ、この本がスタートしたわけですけど。

というわけで、しばし、私の講演を、学生にまざって聴いているつもりで、お読みください。

講演のタイトルは、「人は、自分にできることしか、できない」です。

第3章 人は、自分にできることしか、できない

人は、誰ともしゃべらないと、ひとり言をいう

声にださないと自分の考えが認識できない

私はいま、ＣＭプランナーという仕事をしています。まずはじめに、なぜいま私は、この、ＣＭプランナーという仕事をしているのか、という話をしようと思います。

私の場合、子どもの頃から、人とコミュニケーションをとるのがものすごく苦手だったんですね。クラスでなかなか友だちもできないし、近所のお母さんたちの間でも、「あいさつができない感じが悪い子」として有名でした。

で、その後も、中学、高校と成長するにつれて、坂道を転げ落ちるように、どんどん人とうまく話すことができなくなっていきまして、大学生の頃には、ほとんどしゃべれなくなっていた。

しかも、わりと単位が取りやすい大学に行ってしまったので、あまり大学に通う必要

もなかったんですね。そうすると、本当に、もう何週間も誰ともしゃべってないということが、いくらでもありました。

人間、誰ともずっとしゃべらないとどうなるかというと、ひとり言をいうようになるんですよ。

つまり、あまりにも誰ともしゃべらないと、自分が何を考えているかというのを自分で口にださないと確認できなくなるんですね。まったく共感されてないかもしれませんが…。

ですので、私は当時、大学の寮の一室でひとり暮らしをしていたんですけど、朝、起きるときには、「さ、起きよ」とか、パンを焼くときには、「パン、焼こう」とか、昼になると、「『笑っていいとも!』見よう」とか。

声にださないと、自分が何を考え、何をしようとしているのか認識できない。で、そうやって、自分ひとりのときに、ひとり言をいいながら生活していると、それが習慣になりますから、時どき、ひとりじゃないときも、ひとり言をいうようになってしまうんですね。

たとえば、電車に乗っていても、「あ、次降りなきゃ」とか、声にだしていってしまう。その時点では自分では声にだしてしまったという自覚はないんですけど、同じ車両に乗っている人たちが、一瞬こっちを見て、さっと目をそらす、みたいな動きをするのを見て、「あ、いま自分は、何かをしゃべってしまったらしい」ということがわかるわけです。

あの、みなさん、ついてきてますか…。

で、さすがに、ひとり言をしゃべらないと自分が考えていることがわからない、というような状態というのはよくないんだろうし、そもそもこれから自活して、生活もしていかなきゃいけないわけですから、大学卒業後は、とにかく、ちゃんと会社に就職して、社会にでて、社会人としてちゃんとやっていこうと思ったんですね。

暗さで圧倒的に目立つ

コミュニケーション能力が低い人間は受からない「就活の現実」

でも、普通の会社に就職しても、そんなコミュニケーションが苦手な人間では、まったく通用しないだろうと思いまして、企業の総合研究所というのはどうかなあ、と。

「○○総研」というような名前の会社が日本にはいくつかあるのですが、「そういう研究所みたいなところの、調査とか、研究といった仕事なら、会社員でもありつつ、研究員みたいなところもあり、コミュニケーション能力が低い自分のような人間でも、なんとかできるのではないか」と思ったんです。まあ、学生ならではの、勝手な思いこみかもしれないですが。

で、そういうところを中心に、そうじゃない普通の会社とかも、いろいろ受けたんですけど、日本の会社って、コミュニケーション能力が低い人間が受からないようにできているんですね。

日本の会社だけじゃなく、欧米だともっとそうなのかもしれませんが、人物重視という名の下に、面接での印象とか受け答えが、採用では一番重視されますから、私のようなタイプはどこも受からない。

基本的には、明るくてハキハキして、笑顔が素敵な、しゃべりのうまい若者たちがどんどん受かっていく、という仕組みになっているわけです。


そうやっていろいろ受けていく中で、「電通総研」という電通という広告会社がやっている総合研究所がありまして、そこも受けてみたんですね。

で、結局は落ちてしまったんですが、そこの面接官の人が、「そういう調査・研究みたいな仕事がしたいんだったら電通の中にもマーケティング部門というのがあって、そういうことをする部署があるから、電通も受けてみたら」といってくれたんです。そんなことというんだったら、この会社で採用してくれればいいのに、とは内心思ったんですが…。

「暗さ」も突き抜けると差別化になる？

で、その広告会社「電通」に、とにかくその時点でどこも受かってないわけですから、とにかく受けてみようというので行ったわけですけれど、結論からいうと、その電通の面接で、私はあまりの暗さに、圧倒的に目立ったんですね。

つまり、電通という会社を受けに来る若者というのは、みなさんも想像がつくかもしれませんが、だいたい明るくて自信満々で、前向きでガッツがあって、どこかの大学の有名な体育会を仕切ってきました、とか、世界じゅうを一人旅してきました、とか、オリンピック強化選手でした、とか、そういう各大学の大物っぽい学生ばかりがたばになって受けにくるんですよ。

そういう若者ばかりが、朝から晩まで続いたところに、私が登場したわけです。

そのとき私が、面接で志望理由を聞かれて答えたのは、「私は昔から、人とうまくコミュニケーションをとることができません。だから、周りの人たちがどういうことを考えているのか、まったくわかりません。御社に入ったら、それを調査・研究するような仕事をしたいです」と…。

いま考えてみると、コミュニケーションが仕事の会社に、「コミュニケーションは苦手です」といって受けに行ってしまっていたんですね。

で、そんな私の暗さに、電通の面接官たちが、明らかにたじろいでいた…。もちろん本当のところどうして受かったのか、誰も説明してくれないのでわからないわけですが、おそらくそんな圧倒的な暗さのおかげで、圧倒的に目立ったために、電通に受かってしまったのではないか、と思われるのです。

自分の意思とはまったく関係がない配属

入社にあたっての覚悟

その頃の電通の会社のスローガンというのが、「コミュニケーションズ・エクセレンス・電通」。和訳すると、「卓越したコミュニケーション活動を」とかいうスローガンだったんですね。

で、内定した学生たちが集まってパーティーみたいなものが開かれたのですが、人事の人が前にでてきまして、「いまから僕が〝今夜は？〟っていったら、みんなで〝コミュニケーションズ・エクセレンス！〟って叫んでね！」とかいって。

「さあ、いくよ！　今夜は？」
「コミュニケーションズ・エクセレンス！」
「ワーパチパチ」

みたいなことが行なわれていたんですよ。

「これはとんでもない会社に入ってしまった」というか、薄々気づいてはいたのですが、「自分とはまったく相容れない会社に入ってしまった」と思って、本当に絶望的な気持ちになりました。

ちなみに私は電通に入社するときに、体育会系でもなんでもないのに、頭を坊主刈りにして入社したんですけど、そのときの気持ちは、「どうぞ私をめちゃくちゃにしてください」みたいな…。

どうせ私は、この会社で、ろくな目にあわないでしょう。それを私は、十分に自覚しております。どうぞ思う存分、私をめちゃくちゃひどい目にあわせてください。その気持ちを表現するために、丸坊主で入社させていただきます、というような、そんな自暴自棄な気持ちで入社したんです。

サラリーマンの醍醐味「配属」

四月に入社すると、新入社員研修というのが三か月に渡って行なわれまして、六月末日に、配属先の発表が行なわれました。

私の場合、調査・研究のような仕事を志望して、その会社に入ったわけですが、日本の企業の配属先というのは、本人の希望とはまったく関係ないことも多いんですね。

その頃の電通というのは、いまは地域によって分社化されているのですが、まだ分社化前でしたから、北は北海道から南は沖縄まで、どこに配属されるかわからない。

職種も、いろいろありまして、営業とか媒体とか、プロモーションとか人事とか経理とか、たくさんある職種のうちの、どれに配属されるかもわからない。自分の運命がまったくわからない状態で、六月末日に、約二百人の同期入社の若者たちが、当時の本社ビルの、十三階大ホールという所に集められた。


話は少しそれますけど、ちなみに、当時電通の新入社員というのは、エレベーターを使ってはいけないことになっていたんですね。

エレベーターを使っていいのは、先輩かお客様であって、いっさい利益を生み出してもいないおまえたちは使ってはいけないというので、毎日研修が行なわれる十三階まで階段を登っていくんですね。

しかも、おまえたちが電通の会社内で出会う人間というのは、全員、先輩かお客様なんだから、誰とすれ違っても、腹の底から大きな声で挨拶しろ、という風にいわれていました。

毎朝、十三階まで上がっていきながら、階段の上とか下とかから、誰かにすれ違った同期たちが、「おはようございます！」「おはようございます！」と、大声で挨拶している声が、響いてくる。

私のようなタイプからすると、朝から、何ともいえない暗い気分になって研修を受ける、という生活を、三か月に渡って、続けたわけです。

で、研修の最後、六月末日に、その十三階に全員集められて、あいうえお順で配属先が発表されていく。名前を呼ばれると、「はい！」といって立ち上がり、「なんとかかんとか勤務を命ずる」といわれて、「はい！」といって座る。これが、延々と、約二百人ぶん続いていくわけです。

そうすると、中には配属先に納得できない人もいますから、「なんとかかんとか勤務を命ず」といわれて、「はい!」といわなければいけないところを、「なぜだ!」と叫んだ人もいました。他には、ショックなあまり、声もなく、ががが っと、崩れ落ちる音だけが聞こえてくる人とか…。

いまでも覚えているんですけど、私の隣に座っていた同期の女性が、だんだん自分の番が近づいてくる緊張を和らげるために、筆箱から定規を取り出してなんとなく手でもてあそんでいたんです。

ですけど、自分の番が近づいてきて、あまりにも緊張が高まってしまったのか、手に力が入ったあまり、「ぼきっ」とかいって定規を折ってしまったんですね。

その様子を横目で見ながら、この人も相当追いつめられてるなあ、と…。とにかく、自分が明日から、どんな場所で、どんな内容の仕事をするのかまったくわからないし、自分ではどうすることもできない、というのは、なんというか、サラリーマンの醍醐味、みたいな体験ではありました。

で、話はやたらと長くなってしまったのですが、そこで私の場合は、いきなり、いわゆる「クリエイティブ部門」という、広告を企画・制作する部門に配属された。まったく志望もしていなかったし、予想もしていなかったわけですけど、突然そこで、そういう配属を言い渡されたわけです。

あくまでも命じられてなったCMプランナー

商品発想だから、理屈で説明できる

というわけで、最初の話に戻って、なぜ私がいま、CMプランナーという仕事をやっているか、ということなんですけど、つまり志望したわけでもなんでもなく、あくまでも会社に配属されたことがきっかけなんです。

普通、「クリエイター」というと、自分の中に何か表現したいことがあるから、とか、小さい頃からものをつくるのが好きだったから、とか、映画や音楽が好きで、とか、そういうことでなる人が多いと思うのですが、私の場合は、まったく違う。

コミュニケーションが苦手な人間が、どういう仕事ならできるか悩みながら、いろいろな会社を受けている中で、たまたま入れた会社でたまたまそういう仕事をする部署に配属されたから、というのが唯一の理由です。まさに、流れ流れて、偶然CMプランナーになった、という感じなんです。

出発がそういうことですから、いまでも、自分がいわゆる「クリエイター」という風には思えないんですよね。

その結果として、私のつくるCMは、基本的に、自分発想ではなく、あくまでも商品発想になっています。

「クリエイターとしての自分」が発想の起点ではなく、「広告される商品（や企業）」が、常に発想の起点になっている。

このことを、私はよく「クリエイタータイプのクリエイター」と「ノンクリエイタータイプのクリエイター」という言い方で表現しています。

典型的な「ノンクリエイタータイプのクリエイター」である私は、まず広告主さんの、この商品をこういう風に売りたい、とか、企業イメージをこういう風に変えたい、とかいった課題があって、それを地道に、解決するための方法を考えていく。

そういう意味では、天才的なひらめき、とか、発想の飛躍、とか、まったくありませんので、ある広告をどういう風に考えていったか、ということを、すべて理屈で説明できる。

今日はこれから、具体的なあるCMを、私がどのように考えていったかを、話してみたいと思っています。

ちなみに、研修中に毎日十三階まで階段を登っていた足腰が、最終的に何に生かされるかというと、電通富士登山というものがあるんですね。電通の創立記念日に、新入社員は全員、富士山に登ることになっている。

ですから、新入社員たちは、その日、富士の大地を一歩一歩踏みしめ、登っていきながら、「ああ、あの階段登りはこの日のためだったんだ…」と、はじめて気づく…。

日の出の頃に山頂に達すると、幹部たちがブルドーザーかなんかで登って来て、太陽に向かって、「電通バンザイ！」と叫ぶ、などといった行事が行なわれるらしいのですが、私はその登山でも最下位グループだったので、日の出の頃にはまだ全然下のほうでした。で、かなり日が高くなった頃にやっと登りきると、係の方に、「はい、すぐに降りてください」みたいに冷たくいわれて、そのまま、また降りていく、みたいなけっこう寂しい思いをした記憶がありますね…。

宇宙人ジョーンズが生まれたわけ

オリエンテーションのふたつの課題

さて、ではそろそろ本題に入って、といいますか、ここまでの話が本題じゃなかったわけでもないのですが、サントリーの缶コーヒーBOSSの「宇宙人ジョーンズ」シリーズというテレビCMを、私がどのように企画していったかを、話していきたいと思います。

まず、広告では、必ず広告主さんから、「オリエンテーション」というものを受けます。略して、オリエン、ですね。

こういう商品を、こういう人たちに売るための広告を考えてほしい、という説明を受けるわけですが、このBOSSの広告で、サントリーから受けたオリエンでは、ふたつのことをいわれました。

ひとつ目が、「働く男の相棒」を表現する広告に戻したい、ということ。

これはどういうことかといいますと、もともとBOSSという商品には、「働く男の相棒」という、商品を規定する言葉がありました。

缶コーヒーというのは、やはり、遊んでいるときよりは、働いているときに飲むんですね。働いて、ちょっと疲れたときとか、ちょっと気分を切り替えたいときとかに、飲むことが多い。

そのときに、BOSSは「相棒」として、働く人の一番近くにいて、元気づけたり、慰めたり、活を入れたりする存在でありたい、ということを表現した言葉です。で、CMも、当初はこの商品規定を表現する内容になっていた。

BOSSという商品が生まれたのは、一九九二年。そのときにBOSSのCMに出演していたのは、あのロックスター、矢沢永吉さん。あの矢沢さんが、ごく平凡なサラリーマンを演じる、ということ自体が、当時は話題だったのですが、その矢沢さん演じるサラリーマンが、毎回、仕事でいろいろ困ったことや、やるせないことに遭遇する。そこで、「まいったなー」という心の声とともに、BOSSを飲む、というのが、CMの内容でした。

まさに、「働く男の相棒」ですね。「まいったなー」という状況にある人を、ちょっと救ってくれる、励ましてくれる存在として、ＢＯＳＳを描いていました。この矢沢さんのシリーズが、約六年ぐらい続いたのですが、その後、だんだん、ＣＭでは、「働く男の相棒」ということが描かれなくなっていった。

たとえば、ＢＯＳＳのシリーズの中で、「レインボーマウンテン」という商品が誕生しました。このときは、レインボーという名前なので、虹をテーマにＣＭをつくろう、ということで、ＳＭＡＰの草彅《くさなぎ》剛さんが水を集めて虹をつくったり、同じく中居正広さんが、光を集めて虹をつくったり、といったＣＭが制作されました。いわば、ネーミング訴求の企画ですね。

で、その後もいろいろなＣＭがあって、私がオリエンを受ける直前というのは、タモリさんが出演して、ＢＯＳＳに使われているコーヒー豆が優れている、ということを訴求していた。いずれにしても、しばらく、「働く男の相棒」ということを描いていなかったんですね。それを、ひさしぶりにきちんと描こう、という意味で、「働く男の相棒」

に戻したい、というオリエンだったわけです。

もうひとつは、「働く人たちを前向きにさせるCM」にしてほしい、ということがありました。

これはどういうことかというと、やはり、このオリエンを受けた二〇〇六年も、いまと同じく、あまり明るい世の中ではなかったんですね。嫌な事件もたくさんありましたし、景気もそんなによくなかった。で、元気をなくしたり、疲れきったりしている人が、たくさんいた。

そんな暗い時代ですから、やはり見ていて明るい気分になれるCMにしたい、と。また、そもそも、BOSSという商品が、さっきからいっているように、働く人たちが飲んで、少し元気になったり、前向きになったりするための商品ですから、そのCMもまた、テレビの前の人々を、元気にしたり、前向きにしたりするようなものでありたい、というオリエンだったわけです。

で、難しいのは、やはりこの二番目のほうなんですね。「前向きな気分にさせるCM」

というのは、一見簡単そうですが、あんまり元気元気で描くと栄養ドリンクのCMのようになってしまいますし、かえって見ていて疲れるようなCMになる可能性も高い。

しかも、私自身が、あまり前向きな人間でもないので、どうしたものかなあ、と。どうすれば、ちゃんと世の中の人々が共感してくれる、前向きなCMがつくれるのか、悩んでいたわけです。

そこで、「逆に考えてみたらどうだろう」と思ったんですね。逆に、いまテレビから流れてくるものの中で、前向きではなく、人々を一番後ろ向きな気分にさせるものはなんだろう、という風に考えてみて、これにはすぐに答えがでました。ニュース番組だな、と。

「前向きになるもの」の逆はニュース番組

ニュース番組って、考えてみると、世界じゅうからわざわざ嫌なニュースばかりを集めてきて、わざわざ教えてくれるもの、ともいえますよね。

どこどこで戦争が終わりません、だったり、凶悪な殺人事件が起きました、だったり、地球環境がぐちゃぐちゃになってます、だったり、世界じゅうから人間の醜い部分や、狂った部分を浮き彫りにするようなニュースを集めてきて、朝から晩まで、ずっといろいろなテレビ局で伝えている。

あれを見ていたら、誰もが元気がなくなり、後ろ向きな気分になるのも当然だな、と。あれ、まともに見ていたら、「もう人類なんて滅びちゃったほうがいいんじゃないか…」という結論に、必ずなりますよね。

だから私、ニュース番組って減らしたほうがいいと思うんですよ。よく「ニュース番組ぐらいちゃんと見なきゃだめだ」とかいいますけど、あれ、あんまり見ないほうがいいものなのではないか。人類のやる気を、ものすごく削《そ》いでしまうものとして、ニュース番組というのは存在している気がする。

ニュース番組というものを、各局、せいぜい週に一回ぐらいにすると、世の中全体が、もう少し前向きな気分になれるんじゃないかと思うんですが、いかがでしょう。

話を戻しますと、ニュース番組というものが、人々をとことん後ろ向きな気分にさせるものだとすると、ＢＯＳＳのＣＭは、同じテレビから流れるものとして、ニュース番組の逆、をやればいいんじゃないか、と思ったんですね。

で、ニュース番組の逆、とはどういうことかというと、人類の醜いところばかりを報じるのがニュース番組だとすると、むしろ人類のいいところとか、あるいは、いいところとまではいかなくても、憎めないところとか、かわいげがあるところとか、そういう部分を報じていく。

それを見た人が、「人間って、そうはいってもなかなか魅力的だよね」とか、「捨てたもんじゃないね」とか思えれば、前向きな気分になれるんじゃないか、と思ったわけなんです。

じゃあ、そういう少しポジティブなニュースを、誰が報道するのがいいか、と考えると、人間自身が、「人間って、まだまだ捨てたもんじゃないですよ」と報じても、自分で自分を褒めている、みたいになってしまって、気持ち悪いんですね。

客観報道を実現するためには、人間以外の存在が報道しないと、なかなか説得力がでない。そうすると、単純なようですけど、動物か宇宙人ですよね。人間以外で、人間のことを客観的に報道できるとしたら、動物か宇宙人ぐらいしか思いつかない。

で、まず、動物を考えてみたんですけど、なんか動物って、缶コーヒーを飲むときに、ちょっと口に毛が入りそうな感じがしませんか。飲むシーンが、あまりおいしそうにならなそうだな、と思いまして。

そうすると、もう宇宙人しかいない、ということになる。なんか、みなさん、いまひとつ納得してない顔ですが、ここは納得してください……。

そういうことで、まとめますと、こういう企画のフレームができました。

一　何らかの理由で、地球調査にやって来た、とある宇宙人。

二　彼はこの惑星のさまざまな場面を観察するために、いろいろな職業を転々としながら、調査を続けている。

三　最初は、この惑星のろくでもないところばかりが目についたが、しだいに、この惑星のすばらしいところ、まあ、実際には、すばらしい、とまではいかないんですが、なんかちょっと笑えるとか、なんかかわいげがあるとか、そういういいところを、見つけていく。

四　そして、そんな彼の手には、いつも缶コーヒーＢＯＳＳがある、と…。

この企画のフレームによって、オリエンテーションのふたつの課題が、どうクリアされたかというと、まず二番目の「前向きになれるＣＭ」というところは、いま説明したように、ニュース番組の逆をやる、ということでクリアした。

そして、地球のさまざまな側面を見るために、彼は職業を転々としている、という設定にすることで、どんな職業の、どんな働く人の近くにもＢＯＳＳがあるという描き方ができますので、オリエンの一番目にあった、「働く男の相棒」ということも描けるのではないか。ということで、この企画のフレームで、広告主さんからのふたつの課題がクリアできる、と判断したわけです。

生活の中の小さなきっかけ

アイデアには必ずきっかけがある

いま、宇宙人ジョーンズが生まれたわけを、一気に理屈で説明しましたけど、一方で、その企画を思いついている自分には、それを思いつくきっかけのようなものがあるんですね。

普通に生活していく中での、きっかけのようなものが、必ずある。それは、その思いついたときにはわからなくて、あとから振り返ると、そうだったな、というようなことなんですけど…。

きっかけその一

たとえば、この企画を考えていた頃、私は、大江健三郎さんの『さようなら、私の本よ！』（講談社）という小説を読んでいました。

そこには、正直あまり覚えてないので、完全にうろ覚えなんですけど、「地球上のいたるところで、人類の崩れがはじまっている。その人類の崩れの兆候を書き留めるのが、作家の役割だ」、というような感じのことが書いてあった。

で、それを読みながら私は、「確かに人類って、なんか崩れはじめてるようなところ、あるよなあ。世界じゅうで、どんどん綻《ほころ》びがでている感じだもんなあ」と思っていた。

と同時に、むくむくと反論したい気持ちも生まれてきまして、「確かにひいた目で人類全体を見てしまうと、そういう感じもするけど、自分の近くにいる具体的な人たちをひとりずつ思い浮かべると、なかなか立派な人が多いともいえるよなあ」と。

猿から進化した生き物のわりには、人間って、立派な信念を持っている人だったり、自己犠牲の精神がある人だったり、思いやりがある人だったり、ひとりひとりを見ると、けっこうちゃんとしているともいえる。

「人類は崩れはじめている」とも言い切れないんじゃないのかな、という風にも思った記憶がなんとなく漠然とあるんですね。で、その思いが、もしかすると、この企画のひとつのきっかけになったのかもしれないんです。

きっかけその二

多田琢《たく》さんという、私にとってはＣＭプランナーの大先輩で、すごく有名な方がいまして、その方が、『広告批評』という雑誌に、「平和について」というテーマで、コメントを寄せていた。

これも雑誌のバックナンバーが見つからず、うろ覚えなんですけど、「もし宇宙人が攻めてきたら、地球はあっという間にひとつになれる」というような内容でした。それを読んだときに、「なるほどなー」と思った記憶がすごくあるんですね。地球の外側の目線、というものがあるとしたら、宇宙人しかないんだな、と。宇宙人というものが登場してはじめて、地球というものが、ひとかたまりの存在になれるんだな、と思ったんです。

この記憶も、もしかすると、ＢＯＳＳの企画を生み出すきっかけになっていたのかもしれないんですね。

人生の中の大きいきっかけ

藤棚の柱から眺めていた幼稚園時代

そういう、読んでいた本だったり、雑誌だったり、という小さいきっかけだけではなく、自分がその企画を思いつくには、もっと大きいきっかけもあるんじゃないか、と思うんです。

といいますのも、私、生まれて以来、さっきからしつこいぐらいに同じことをいってる気がするんですけど、ずっと仲間はずれで、仲間に入れない性格だったんですね。

それをあえて図解にしてみますと、これは幼稚園時代の私なんですけど、休み時間に友だちと遊べなかったので、私は、砂場のところに藤棚があったのですが、そこに直行してたんですね。

で、その柱のところから、真ん中のほうで、ブランコやすべり台で遊ぶ同級生たちを、ひとりでじっと見ていた。

幼稚園時代
藤棚
私
観察
ブランコ、
すべり台で
あそぶ
同級生たち
砂場

別にそれは寂しいことではなくて、むしろ真ん中では、ものすごい争いが起こっているわけですよ。

ブランコの取り合いとかで、時には流血騒ぎみたいなことになっている。それを私はこの藤棚のところから見ながら、「なんて野蛮な人たちなんだろう」と。

子ども心に、「決してあんなものにはかかわらないぞ」みたいな風に思っていた。まあ、どうでもいい話に思えるでしょうが、幼稚園時代でいうと、私は、こんなポジションにいたわけです。

ベランダから教室を見ていた小学生時代

もうひとつだけ、図解がありまして、小学生時代も描いてみました。

これは何かといいますと、小学校五年のときに、私、クラス中から嫌われまして、休み時間になるとベランダに追い出されていたんですね。

ベランダにだされて鍵を閉められていた。ですから、教室の中で遊ぶ同級生たちをベランダから窓越しに見ていた。

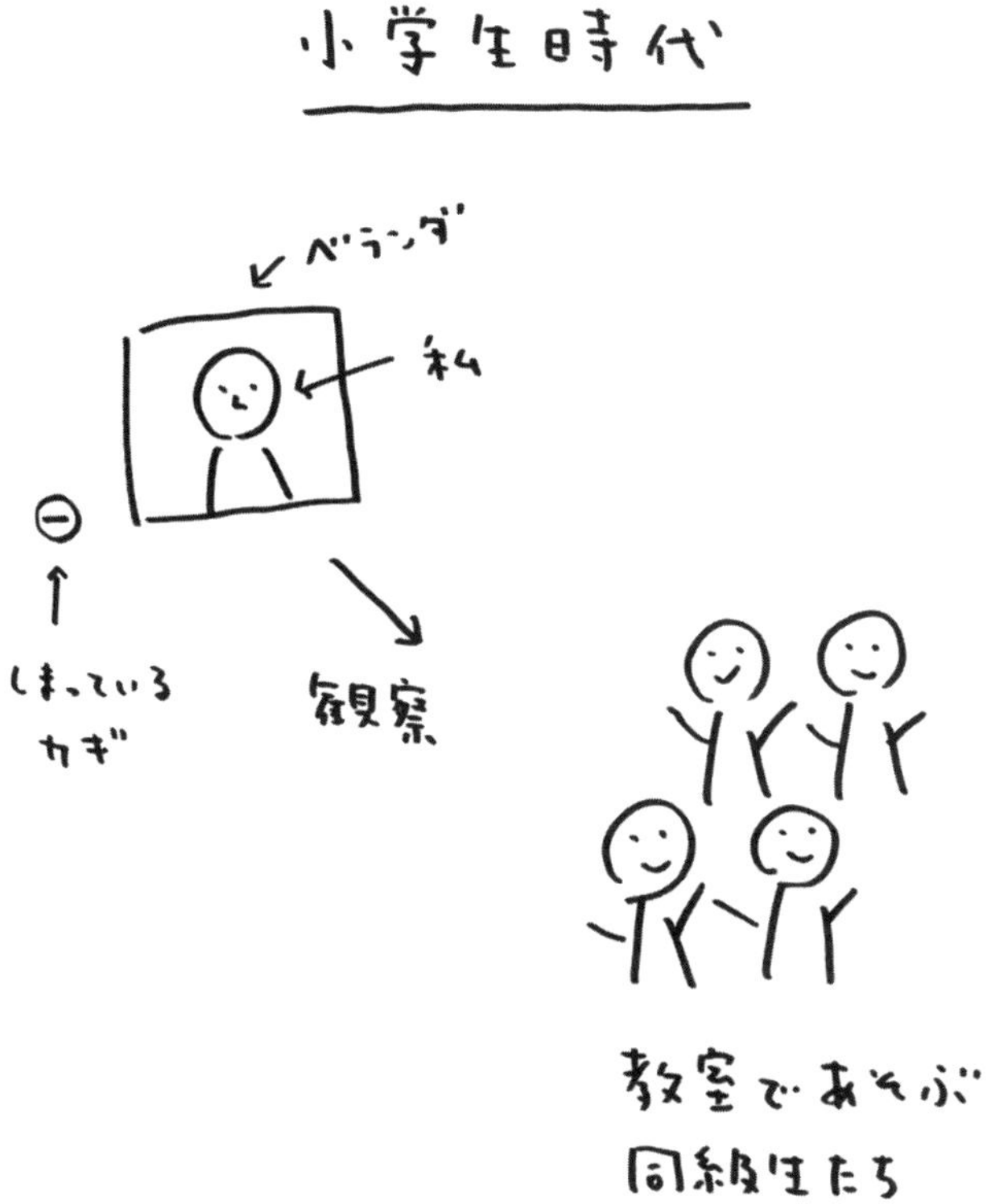
小学生時代
ベランダ
私
しまっている
カギ
観察
教室であそぶ
同級生たち

そのときも、なんか悲しいっていうよりは、「子どもって、いろいろやるなあ」と。「そこまでしなくてもいいんですけどね、別に」みたいに感じながら、休み時間のたびに、ベランダにいたわけなんです…。

それで、何がいいたいかといいますと、こういう、仲間から少し離れたところに、自ら行ったり、行かされたりみたいなことが、自分の体質になっているんですね、子どもの頃から。どんな集団にいても、自然とそうなる。そして、少し離れたところから、みんなのことを見ている。

で、BOSSの「宇宙人ジョーンズ」シリーズというものをあらためて考えてみると、地球にやって来た宇宙人が、ちょっと離れた場所から、地球人のあれやこれやを観察する、というのが、すごく自分の立ち位置と似ているな、と思ったんです。

そして、そのせいか、このシリーズの企画を考えはじめてみると、この企画は、自分にとって、すごく考えやすい、という感じがあった。

つまり、自分が生きてきた人生全体や、そこで培われてきた性質のようなもの、それもまた、人が企画を生み出す際の、ひとつのきっかけに、間違いなくなっているんだろうな、と思うんです。

直接的なきっかけというよりは、背後のほうに顕在化されずにある、大きいきっかけ、といえるのかもしれません。

そして、「宇宙人ジョーンズ」シリーズは、はじまった

オンエアの反応は？

というわけで、いよいよ、「宇宙人ジョーンズ」の企画を、サントリーに、プレゼンテーションしました。

で、結論からいうと、いきなり大好評だったんですね。プレゼンの場で、ほぼ即決でした。

もちろん、オリエンテーションで提示された、ふたつの課題にきちんと答えている、ということも大きかったと思いますが、それ以上に、「宇宙人による地球調査」という枠組みが、それまでのBOSSのCMの中ではまったく異質で、だからこそ新鮮な印象を与えることができるのではないか、という判断でした。

サントリーというのは、日本では数少ない、挑戦的な企画を選ぶ会社ですので、だからこそ、選ばれた企画だとは思います。

私が一番心配していたのは、キャスティングの部分なんですね。

宇宙人役として、ハリウッドの実力派俳優である、トミー・リー・ジョーンズさんを提案したわけですが、そんなに、世の中の人みんなが知っている人ではない。それなりに映画にくわしい人じゃないと、知らないかもしれない。

日本のCMというのは、タレント好感度調査などを参考に、いま一番人気のある、老若男女すべての人が知っている有名タレントをつかうことが多いですから、そんな中で、BOSSという大きい商品のCMタレントとして、トミー・リー・ジョーンズさんを起用するというのは、さすがのサントリーも不安に思うのではないか、と。

ただ、それも結果的には杞憂《きゆう》に終わりまして、宇宙人らしい、ちょっと不気味で無表情な演技をしてもらうには、ジョーンズさんがぴったりだろう、ということで、キャスティングについても、あっさり決まりました。

で、いよいよ、CMのオンエアがはじまりまして、世の中でいきなり評判になったかというと、…そんなことはなかったんですね。

サントリー　BOSS
宇宙人ジョーンズ 「登場」篇

牛丼屋の客 A：宇宙人がさ、
人間にまぎれて、普通に生活しているって話、
知ってる？
牛丼屋の客 B：いや。
牛丼屋の客 A：地球の調査してるんだって。
しかも映画見て、人間に化けたらしくて、
トミー・リー・ジョーンズそっくり
なんだって。アハハハハ。
N（ジョーンズ）：この惑星の住人は
どこかぬけている。
ただ、この惑星の夜明けは美しい。
N：缶コーヒーの BOSS。

それまでのBOSSのCMというと、さきほどもいいました通り、矢沢永吉さんとか、SMAPとか、タモリさんとか、その他にも、浜崎あゆみさんもでてましたし、そういう人気者が次々とでてくるシリーズだった。

そこに、いきなり、よく知らない外国人がでてきて、世間の人はあっけにとられたみたいなんですね。とくに、最初の頃は、あの人がハリウッド俳優だということも伝わらなくて、かなり多くの人が、当時プロ野球のロッテにいた、バレンタイン監督だと思っていたらしいんですよ。

確かに、鼻のあたりとか、少し似ているんです。だから、ネットとかにも、「バレンタイン、CMでてるよ」とか、「シーズン中なのに、何やってんだ」とか、けっこう書き込まれていまして、おそらく、バレンタインさんのほうも、迷惑だったんじゃないかと思います…。

それに、「宇宙人による地球調査」という企画なんだということを理解してもらうのにも、けっこう時間がかかりましたね。最初の頃は、BOSSのCM、わけのわからない外国人がでてきて、いったい何をやってるんだ、というのが、おおかたの世間の反応だったと思います。

CMを見ている人と同じ時間を並走する

そんな風に広告の評判が悪いと、普通はすぐに打ち切られるものなのですが、サントリーが、せっかく一度やりはじめたことだから、もうちょっとやってみよう、と判断してくれた。

で、しばらくやっているうちに、四本目につくった、「宅配便」篇で、駐車禁止をテーマにしたところ、けっこう大きな反響があった。

ちょうどその頃、駐車禁止が急に厳しくなったことがあったのですが、それをそのまま、「この惑星の、駐車禁止は、厳しい」と描いたところ、旬の題材だったせいか、すごく好評だったんですね。

その後、五本目のCMで、「カラオケ」篇という、八代亜紀さんが歌う『舟唄』に、ジョーンズが涙する、というものを流したら、これもまた、すごく反応がありました。

おそらくそのあたりから、このCMは「宇宙人が地球調査をしている」という設定なんだ、ということが浸透していきまして、また、その宇宙人を演じているのは、バレンタイン監督ではないんだ、という事実も広がりはじめた。

そうやって、一度企画のフレームを受け入れてもらえると、シリーズが続いていけばいくほど、「次はどうなるんだろう」と思ってもらえる。そして、「今度はこうきたか」と。つまり、自分がそのシリーズに参加しているかのような気分になって、見てもらえるようになっていくんですね。そういう感じで、だんだん評判がよくなっていった。

普通、CMというのは、最初にすごく話題になって、その後はだんだん力を失っていくことが多いので、このCMのように、だんだんじわじわと人気が上がっていった、というのは、珍しいケースなんです。

それと、こういうシリーズを続けていくことのいいところは、その時どきの話題とか、流行りとか、旬の題材を入れこんでいきやすいことなんです。たとえば、ディープインパクトという、競馬でものすごく人気のあった馬が、ちょうど引退して種馬になる、という題材があれば、それを、もうひとつその年に話題になっていた、「団塊世代の大量退職」にからめて描く、とか。

そうやって、ＣＭと、テレビを見ている人たちとが、同じ時間を並走している感じをだすことで、ＣＭというものをより身近に感じてもらえるわけなんです。


で、そんなこんなで、いま、「宇宙人ジョーンズ」シリーズは、九年目を迎えています。これは、ＣＭとしては、かなり長く続いているほうだと思います。

そして、このシリーズをまだまだ続けるために、みなさんに今日お願いしたいことは、…ＢＯＳＳを飲んでくださいということですね。やはり、どんなにＣＭの評判がよくても、おもしろいＣＭをつくっても、商品が売れないとＣＭというのは続けられませんから。

もし、ＢＯＳＳのＣＭを少しでも気に入っていただけて、もう少し続けてもいいと思うなら、ぜひ、ＢＯＳＳを買って飲んでくださいね、というのが、みなさんへのお願いなんです。

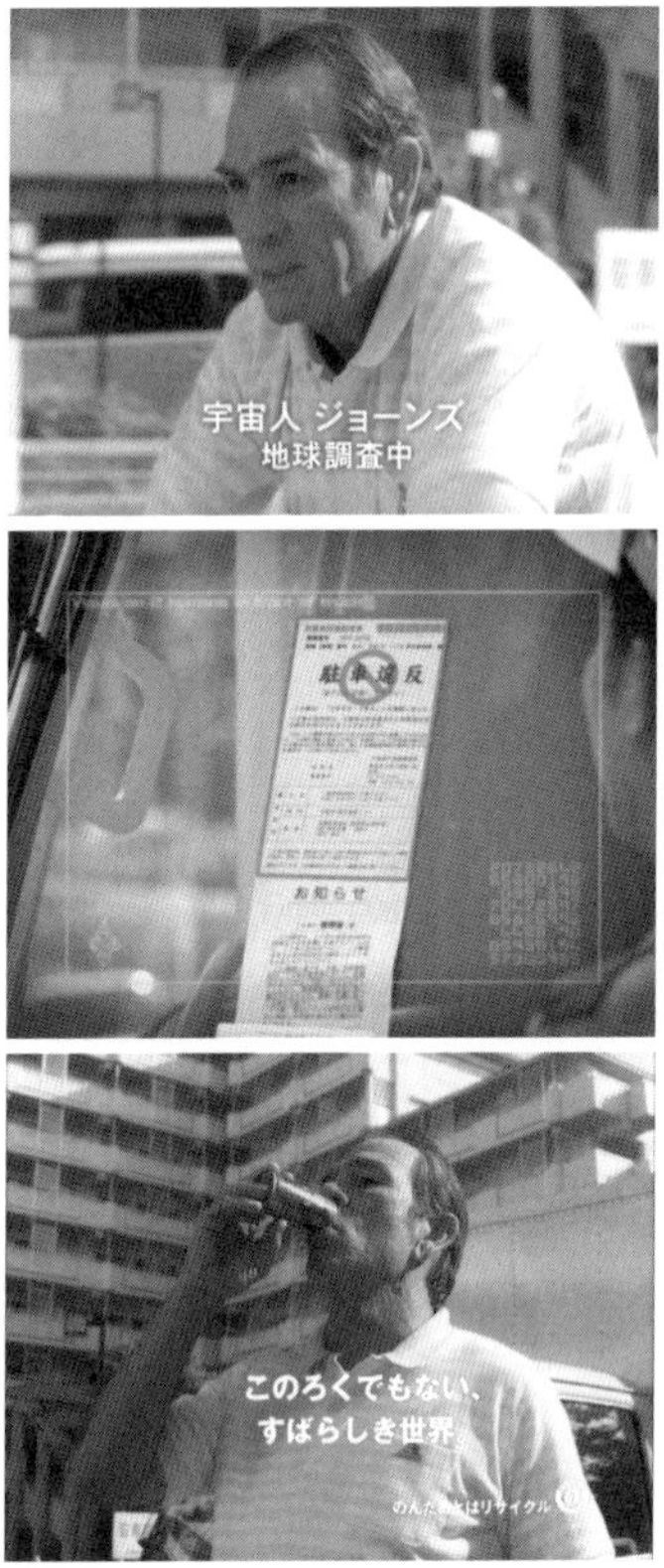
宇宙人 ジョーンズ
地球調査中
お知らせ
このろくでもない、
すばらしき世界。

サントリー　BOSS
宇宙人ジョーンズ 「宅配便」篇

N（ジョーンズ）：この惑星では、
常にスピードが求められる。
宅配業者：すみません。はあ、はあ。
N（ジョーンズ）：何をそんなに
急ぐ必要があるのだろうか。
宅配業者：お先っす。
N（ジョーンズ）：しかも、
この惑星の駐車禁止は厳しい。

宇宙人 ジョーンズ
地球調査中

このろくでもない、
すばらしき世界。

サントリー　BOSS

宇宙人ジョーンズ 「カラオケ」篇

N（ジョーンズ）：この惑星の住人の

「歌」と呼ばれるわめき声は、

まったく耳ざわりだ。

カラオケの客：デュエットしてよ、デュエット。

ジョーンズ：けっこうです。

N（ジョーンズ）：騒音でしかない。

ただ、この惑星の八代亜紀は泣ける。

ジョーンズ：♪しみじみ飲めば～

人は、自分にできることしか、できない

アイデアの材料は自分が生きてきたすべて

さて、そろそろ話をまとめたいと思います。

この講演のテーマは、「人は、自分にできることしか、できない」。

これは、私が、CMプランナーの仕事を、二十年ぐらいやってきた、実感なんですね。

まず、「企画を思いつく」ということについても、結局は、自分が日々生きてきた、そのすべてを材料にして、思いつくしかない。

それは、例にあげた、そのときに読んでいる本だったり、雑誌だったり、あるいは、テレビだったり映画だったり、音楽だったりもするかもしれない。そういうエンターテインメント系だけじゃなく、誰かにいわれたひと言だったり、ちょっとした体験だったりが、きっかけになることもあると思います。

さらに、大きいきっかけでいえば、その人のいままでの生い立ちとか、そこで形成さ

れた、性格とか、ものの見方とか、そういったものすべてが、その企画を生み出すきっかけになっている。

私の、隅っこのほうから仲間たちを観察している、というあり方が、いつのまにか、巡り巡って、「宇宙人による地球調査」という企画を生んだように…。

さらにいえば、今日最初に話したように、私は、志望して、広告のクリエイターになったわけではない。だからこそ、常に商品発想で、広告主さんのオリエンテーションに、素直に答えていく、といういまの企画のやり方につながっている。

それもまた、意識してそうやっているというよりは、自分には、そういうやり方しかできない、ということではあるんです。

とにかく、自分にできないことは、できないんですね。急に私に、「スーパークリエイターみたいになって、思う存分CMで自己表現してくれ」といわれてもできないし、「コミュニケーション能力を発揮して、人々の真ん中で、周りをぐいぐい引っ張っていってくれ」といわれてもできない。

弱点を受け入れて生かす

ただ、逆にいうと、私のような引きこもり気味で、ただ偶然CMプランナーになったような人間でも、それなりには、できましたよ、と。

それは、どう考えても弱点っぽかった自分の特徴を、とりあえずまずは受け入れ、それをむしろ生かすことを考えているうちに、なんとなく、できた、というか。

できないことは、どうがんばってもできないけど、その人なりにできることは、必ずある、ということでしょうか。

私が、CMプランナーという仕事の中で一番好きなのは、白い紙に向かって企画を考える、というところなんですね。

子どもの頃から、コミュニケーション能力が低く、友だちができない性格でも、ひとりで何か考えることはわりと好きだった。そういうところを生かして、CMプランナーという仕事を、今日もやっているわけなんです。

人は、自分にできることしか、できない。

それは、少し悲しいことでもあるんですけど、誰にでもできることがある、という意味では、うれしいことでもあるんだろうな、と。

そして、そんなふうに、「しょせんは自分にできることしか、できないんだから」と少し肩の力をぬいたほうが、いろいろうまくいくようになるかもしれませんよ、とも思います。

どうも、ご清聴《せいちょう》ありがとうございました。

おわりに

〜編集者K氏のリクエストにこたえて、「困っている人のための制作術」〜

と、ここまで書いたところで、またもや編集者K氏から、リクエストが入りました。私たちCMプランナーの仕事には、企画、プレゼンのあとに、実際にCMをつくる、「制作」という作業があるわけですが、このことについても書いてくれ、と。引っ込み思案で、コミュニケーションが苦手なタイプだと、いろんな人を動かして実際にCMをつくっていく作業というのは、普通は、苦手なのではないか。それを、どのようにしてやっているのか、知りたい、と。

編集者K氏、一見おとなしそうなわりには、要求することだけは、きちんと要求してきます…。

というわけで、最後に、「困っている人のための制作術」を少しだけ書きます。

リーダーシップを無理に発揮しない

自分はリーダーシップを発揮できるタイプかどうか

企画をし、プレゼンをして、広告主さんとの間で企画が決まると、実際にCMをつくる作業がはじまります。ここでは、本当に多くの人が仕事にかかわることになります。CMプロデューサーという、予算やスケジュールを管理する人、CMディレクターという、タレントに演技をつけたり、撮影した映像を編集したりして、実際にCMをつくる人（いわゆる、監督さん、ですね）、を筆頭に、カメラマン、照明、録音、美術、スタイリスト、ヘアメイク、編集、などなど、ものすごく多くのスタッフがかかわってきます。

そうした中にあって、CMプランナーは根本の企画をし、それを広告主さんと約束してきた人物ということになりますから、作業全体を統轄する人に、なろうと思えばなれるわけです。

でも、無理にそういう人にならなくていいのではないか、というのが、私の意見です。大事なのは、「自分がリーダーシップを発揮できるタイプかどうかを見極める」ことかな、と。

私の場合、何度も繰り返しいっているような気がしますが、子どもの頃からクラスの中心だったことなどないわけですね。いつも、はしっこのほうにいたタイプです。

そんな人間が、急に、リーダーシップを発揮して、スタッフたちをまとめていこうとしても、無理がある。

では、どうすればいいかというと、まず、「自分はリーダーシップを発揮しない」ということを、わかりやすく前面にだす。スタッフとの打ち合わせなどでも、自分はそういうタイプじゃないんだ、ということを表情や発言などで、わかりやすく表現する。

それじゃ、作業全体がうまくいかないんじゃないかと思うかもしれませんが、そんなことはありません。自分が苦手なところを得意としている人と、うまく組めばいいのです。

プロデューサーやディレクターや、まあ、どの職種でもいいのですが、どこかにそういう、自分が苦手にしている、人をまとめたり動かしたりするのが得意な人、というのを配置する。

変にリーダーシップを発揮するタイプが複数いる場合よりも、そうやって誰がリーダーシップを発揮するのかはっきりしている作業のほうが、うまくいくことも多いのです。

自分が得意なことで、貢献する

で、そうやってリーダーシップを他人にゆだねたからといって、制作作業において、何もやらなくていいわけではありません。「自分の得意なことは何なのか」を見つけて、うまく貢献していく必要がある。

私の場合は、もちろん、企画については自分の責任だと思っていますから、セリフとかナレーションとか、最後のオチとか、そういったところについては、企画が決まったあとも、CMが完成するまで、考え続ける。

それともうひとつ、自分が勝手に得意なのではないかと思っているのは、客観的であること、なんですね。

当然、CMを制作していく過程では、広告主さんとスタッフの意見が対立したり、出演するタレントサイドとスタッフの意見が対立したり、時にはスタッフ間で意見が対立したりもするわけです。

そういうときに、自分がリーダータイプで、作業の真ん中にいたりすると、自分も熱くなって、その議論に参加したりするかもしれない。そうすると、「自分の思い」というのがどうしてもありますから、やや客観性を失うこともあるのかもしれない。

一方で、私の場合は、やや、ひき気味に作業に参加しているので、「今回は広告主さんがいっていることのほうが正しいのではないか」とか、「それは、ディレクターのいっていることを貫いたほうがいい」とか、ある程度客観的にいえる気がする。まあ、あまりにも自分を美化しすぎな気もしますが…。

いずれにしても、たくさんの人がかかわる制作作業においては、「自分の得意なことは何なのか」を見極めて、それを発揮するのが、結局は作業全体にとって、一番いいのだと思います。

リーダーの適性のない人が、無理にリーダーシップを発揮する必要はないのでは、というのが、私の意見です。

説得しないで説得する

意見がまとまらないときの私なりの解決法

よくするたとえなのですが、CMづくりを家づくりにたとえるとすると、広告主さんは建築主、私のようなCMプランナーが設計士、プロデューサーが現場監督、ディレクターが大工の棟梁《とうりょう》、という感じになるわけです。

家を建てるとなると、一生モノなわけですから、どんな建築主でも、いろいろな注文をだしますし、絶対に自分が納得できる家にしたいと思いますよね。

一方、大工さんというのはたいていい職人さんで頑固ですし、しかも、腕がよければいいほど、ますます頑固だったりする。

建築主「ここはこうしてください」

大工「いや、そいつはできねえ相談だなあ」

建築主「私の家なんですから、言う通りにしてください」
大工「そんな家つくったら、おれは大工仲間で笑い者になっちまう」

みたいなやりとりが、CMの制作作業においても、しょっちゅう起きているわけです。ここで、私のポジションだと、建築主か大工さん、どちらかを説得しなければいけない、という感じになるわけですけど、私の場合、この「説得」という作業も苦手なんですね。人と面と向かって話して、反対意見をもっている相手を説得する、ということが、あんまり実現できた試しがない。

そもそも私が苦手だから、というだけでなく、人が強い思いでもっている意見って、言葉や理屈で説得して、なかなか変えられるものではないとも思うのです。

そういうときに、私が一番いいと思っている解決法は、「両方やってみる」という解決法です。解決法でも何でもないような気もしますが、意見が対立していたら、両方の意見を両方実際にやってみる。

家だと両方建ててみるのは難しいでしょうけど、CMなら、両方つくってみることが可能なことも多い。

で、言葉や理屈では説得できなかった人も、実際の具体物を自分の目で見ると、簡単に納得してくれることも多いんですね。やはり、人は自分には、嘘がつけないことが多いので。

つまり、私の場合、なるべく言葉では説得しないで、結果的に説得できる形にもっていこうとすることが多いです。

ただ、大工さんがものすごく頑固な場合は、「両方やってみる」ことすら拒否することも多いのです。

そういうときは、やはりどちらかを説得するしかなく、私のいつものパターンですが、「説得が得意な人に説得をまかせる」ということになります。そのとき、私にできることは、…祈ることだけだったりします。

「お邪魔します」の心

CMづくりで心がけていること

　CMというのは、かなりずうずうしいものですよね。みなさんの家に強引にお邪魔して、くつろいでテレビを見ている人たちからお時間をいただいて、問答無用で強引に広告する。

　そういうずうずうしいものだからこそ、「いただいたお時間ぶん、楽しんでいただかなくては」という気持ちが必要なんだろうな、と思います。

　その人の暮らしから、強引にいただいた、十五秒とか、三十秒とかいう時間。その時間が、楽しかったり、ドキドキしたり、感動的だったり、…まあ、何でもいいんですが、とにかく、この時間は無駄じゃなかったな、と思っていただく。

　土足であがりこんで広告をさせていただくわけですから、そのくらいのお返しはしないといけない。

「お邪魔します」の心、とでもいうんでしょうか。そういう謙虚さみたいなものを感じさせるＣＭにはしないといけないんだろうな、と思っています。

制作作業において、リーダーシップも発揮しないし、人を説得もできない私ですが、そこだけはきちんと見ながら、ＣＭをつくっていこうとは思っています。

…というわけで、長々と書いてきましたが、いかがだったでしょうか。

一応、「ビジネス書」というジャンルになるらしいので、何かみなさまのビジネスの役に立つといいのですが。少なくとも、自分をちょっとだめだな、困ったな、と感じている人が、だめでも大丈夫かも、とは思っていただけるのではないかと思うのですが、いかがでしょう。

そして、この本をそもそも企画した、編集者K氏は、納得してくれたのでしょうか。一応、彼への手紙のつもりで、ここまで書いてきましたが、彼はどんな感想を抱いたのか。

最後はまた、すべてを読んだ、彼からのメールをそのまま貼り付けて終わりにします。


どうも読んでいただき、ありがとうございました。

どんな仕事も、まずは自分を受け入れ、そしてうまく自分を生かせば、まあ、なんとかなりますよ、きっと。

福里真一さま

いつも大変お世話になっております。

ふだんのＣＭの企画、制作をしながらの
ご多用のところにもかかわらず、
最後までご執筆くださり、ありがとうございます。

すべての原稿を拝読し、

「面白く、ためになった」だけでなく、
ちょっとオーバーかもしれませんが、

「こんな自分でも、生きていけるんだ」

という気持ちになりました。

生きづらさが、すごく減りました。

『人間失格』を初めて読んだあとの、
自己肯定感に近いです。

よく「人生が変わる」とか
タイトルや帯のコピーに付く本がありますが
(自分もそういうコピーを付けたことがありますが)、
冷静に考えると、
「人生が変わる」というのは、
よっぽど衝撃的な出来事だったりするので、
へたをすれば自分のよい部分も変わってしまうと、
「そこまで変わってよいものか……」
ということを考えたことがあります。

でも、福里さんが書いてくださった、
プレゼン、企画のコツは、
「電信柱の陰から見てるタイプ」である
いまの自分のままで無理をせずに、
仕事をはじめ、人生がよりよくなると思いました。
「よりよくなる」とは、いわば余計な力がぬけて、
心も軽くなって、動きやすく
なるイメージです。

ご依頼から、春、夏、秋、冬と季節は変わり、
そしてまた新たな春を迎え、
紆余曲折《うよきょくせつ》をへて、おかげさまで完成しました。

あとは少しでも多くの方に手にとっていただけるよう、
がんばってまいります。

これを書いていて、
あらためて思ったのですが、
福里さんの文章のほうが何百倍も面白く、
かつためになるエッセンスが散りばめられているので、
このK氏のメールのあと、
最後は、福里さんに締めていただいたほうが
よい気がしましたが、いかがでしょうか。

どうぞ、よろしくお願いいたします。

N社　編集部　K

そうはいわれても、もうあんまり書き足すことはありません。

とりあえず、K氏は、この本に納得してくれたみたいでよかったです。まさか、太宰治にたとえられるとは、夢にも思いませんでしたが…。

この本を読んでくださった、いま困っているのかもしれないあなたが、K氏ほどではないにしても、何か得られるものがあったと感じてくださっているとよいのですが…。

福里真一（ふくさと しんいち）
ワンスカイ CMプランナー・コピーライター
1968年鎌倉生まれ。一橋大学社会学部卒業。92年電通入社。01年よりワンスカイ所属。いままでに1000本以上のテレビCMを企画・制作している。主な仕事に、吉本興業のタレント総出演で話題になったジョージア「明日があるさ」、樹木希林らの富士フイルム「フジカラーのお店」、トミー・リー・ジョーンズ主演によるサントリーBOSS「宇宙人ジョーンズ」、BOSS贅沢微糖「贅沢していい人」、トヨタ自動車「こども店長」「ReBORN　信長と秀吉」「TOYOTOWN」、タウンページ「良純さんが行く」、ENEOS「エネゴリくん」、ダイハツ「日本のどこかで」、東洋水産「マルちゃん正麺」などがある。ACC（全日本CM放送連盟）グランプリ、TCC（東京コピーライターズクラブ）グランプリ、クリエイター・オブ・ザ・イヤー、など受賞。その暗い性格からは想像がつかない、親しみのわくCMを、数多くつくりだしている。著書に『電信柱の陰から見てるタイプの企画術』（宣伝会議）がある。

CMプランナー福里真一《ふくさとしんいち》が書《か》きました
困《こま》っている人《ひと》のためのアイデアとプレゼンの本《ほん》

2014年6月20日　初版発行

著　者　福里真一
発行者　吉田啓二

発行所　株式会社日本実業出版社　東京都文京区本郷3－2－12 〒113-0033
大阪市北区西天満6－8－1 〒530-0047
編集部 ☎03－3814－5651
営業部 ☎03－3814－5161　振　替　00170－1－25349
http://www.njg.co.jp/

印刷／三省堂印刷　製本／若林製本

この本の内容についてのお問合せは、書面かFAX（03－3818－2723）にてお願い致します。
落丁・乱丁本は、送料小社負担にて、お取り替え致します。

ISBN 978-4-534-05197-4　Printed in JAPAN